孔氏祖庭廣記

〔金〕孔元措　編

齊魯書社
·濟南·

圖書在版編目（CIP）數據

孔氏祖庭廣記 / (金) 孔元措編. -- 濟南 : 齊魯書社, 2024. 9. -- (《儒典》精粹). -- ISBN 978-7-5333-4951-6

Ⅰ. K820.9

中國國家版本館CIP數據核字第2024VB6939號

責任編輯　張　超　劉　晨
裝幀設計　亓旭欣

孔氏祖庭廣記
KONGSHI ZUTING GUANGJI
〔金〕孔元措　編

主管單位	山東出版傳媒股份有限公司
出版發行	齊魯書社
社　　址	濟南市市中區舜耕路517號
郵　　編	250003
網　　址	www.qlss.com.cn
電子郵箱	qilupress@126.com
營銷中心	（0531）82098521　82098519　82098517
印　　刷	山東臨沂新華印刷物流集團有限責任公司
開　　本	880mm × 1230mm　1/32
印　　張	11.5
插　　頁	2
版　　次	2024年9月第1版
印　　次	2024年9月第1次印刷
標準書號	ISBN 978-7-5333-4951-6
定　　價	88.00圓

《〈儒典〉精粹》出版説明

《儒典》是對儒家經典的一次精選和萃編，集合了儒學著作的優良版本，展示了儒學發展的歷史脉絡。其中，《義理典》《志傳典》共收録六十九種元典，由齊魯書社出版。鑒於《儒典》采用套書和綫裝的形式，部頭大，價格高，不便於購買和日常使用，我們决定以《〈儒典〉精粹》爲叢書名，推出系列精裝單行本。

叢書約請古典文獻學領域的專家學者精選書目，并爲每種書撰寫解題，介紹作者生平、内容、版本流傳等情况，文簡義豐。叢書共三十三種，主要包括儒學研究的代表性專著和儒學人物的師承傳記兩大類。版本珍稀，不乏宋元善本。對於版心偏大者，適度縮小。爲便於檢索，另編排目録。不足之處，敬請讀者朋友批評指正。

齊魯書社

二〇二四年八月

《〈儒典〉精粹》書目（三十三種三十四册）

孔氏家語	荀子集解	孔叢子
春秋繁露	春秋繁露義證	鹽鐵論
新序	揚子法言	白虎通德論
潛夫論	中説	太極圖説　通書
龜山先生語録	張子語録	傳習録
張子正蒙注	先聖大訓	近思録
四存編	孔氏家儀	帝範
帝學	温公家範	文公家禮
聖門禮樂誌	東家雜記	孔氏祖庭廣記
伊洛淵源録	伊洛淵源續録	國朝漢學師承記
國朝宋學淵源記	孔子編年	孟子年表

解題

孔氏祖庭廣記十二卷，金孔元措編，蒙古乃馬真后元年孔氏刻本

孔元措字夢得，孔子五十一代孫。官資政大夫，金承安二年（一一九七）襲封衍聖公兼曲阜令，官至太常卿。

是書爲曲阜孔氏家傳。卷首有宋宣和六年（一一二四）孔傳《祖庭雜記舊引》、元豐八年（一〇八五）孔宗翰《家譜舊引》，及金正大四年（一二二七）張行信、孔元措《孔氏祖庭廣記引》各一篇。是《雜記》與《家譜》本各自爲書，元措始合而爲一，復增益門類，冠以圖像，并載舊碑全文，因『祖庭』之名而稱《廣記》。卷首曰圖本，卷一曰先聖、追崇聖號、世次，卷二曰歷代崇奉詔文，卷三曰崇奉雜事，卷四曰林廟親祠、學廟親祠，卷五曰歷代崇重，卷六曰族孫、世系别録，卷七曰澤及子孫，卷八曰姓譜、先聖誕辰諱日、母顔氏、娶并官氏、先聖小影、給灑掃廟户，卷九曰鄉官、廟中古跡、廟外古跡、林中古跡、舊廟宅，卷十曰廟中古碑，卷十一曰林中碑，卷十二曰族孫碑銘。

書後有嘉慶六年（一八〇一）錢大昕跋略云：『書成於金正大四年丁亥，張左丞行信爲之序，鐫版南京。此則蒙古壬寅年元措歸闕里後重雕之本也。壬寅爲元太宗六皇后稱制之年，金之亡已十載矣。蒙古未有年號，但以干支紀歲，在宋則爲淳祐二年也……向嘗據漢宋元石刻，證聖妃當爲并官氏；今檢此書，「并官氏」屢見，無有作「开」字者。自明人刻《家語》妄改爲「开」，沿譌到今，莫能更正。讀此，益信元初舊刻之可寶。』錢氏此跋，可稱精詳。又黄丕烈識云：『《菉竹堂書目》有《孔子實録》五册，《文淵閣書目》有《孔子實録》一册。伏讀《四庫全書提要》傳記類存目有云：「《孔氏實録》一卷，《永樂大典》本，不著撰人名氏。末一條云：大蒙古國領中書省耶律楚材奏准皇帝聖旨，於南京特取襲封孔元措，令赴闕里奉祀。此書或即元措等所撰歟？」今取證是書，與之悉合，方悟向來藏書目所云《孔子寶録》《孔氏實録》，即此《孔氏祖庭廣記》也，特所記册數、卷數多寡不同，或有完缺之異爾。』

錢跋所云『蒙古壬寅年元措歸闕里後重雕之本』，即蒙古乃馬真后元年孔氏刻本，今藏國家圖書館，是現存最早之本，《續古逸叢書》及《四部叢刊續編》據以影印。此《琳琅秘室叢書》本雖刊刻較晚，然附有清仁和胡珽校訛及會稽董金鑒續補校，亦足有可采者。

徐泳

目録

孔氏祖庭廣記卷第九

孔氏祖庭廣記卷第十

孔氏祖庭廣記卷第十一

孔氏祖庭廣記卷第十二

祖庭廣記

一卷

孔氏祖庭广记五册　95-94.

引、二页

正大四年……及校正人名、一页

引、二页

旧引、一页

家谱旧引、一页

目录、三页

图、十二页

卷一、十七页（内四页抄配）

卷二、七页

卷三、十六页

卷四、六页

卷五、十一页

卷六、十三页

卷七、五页

卷八、五页

卷九、十四页

卷十、二十一页

卷十一、二十五页

卷十二、七页

共计一百六十九页（内四页抄配并间有残破）

又钱大昕跋一页、孙星衍、瞿中溶、吴翌凤跋半页、黄丕烈、邵渊耀跋计三页

孔氏祖庭廣記

孔氏祖庭廣記引

先聖傳世之書其來久矣由略積詳愈遠而益著蓋
聖德宏博殆有不可揜者爰自四十六代族祖知洪
州軍州事柱國纂集所傳板行四遠於是乎有家譜
尚與講求以俟佗日逮四十七代從高祖知邠州軍州
事朝散克承前志推原譜牒參考載籍摘拾遺事復
成一書值 宋建炎之際不暇鏤行至四十九代從
祖主祥符縣簿承事懼其士逸證以舊聞重加編次
遂就完本布之天下於是乎有祖庭記二書並行凡
縉紳之流靡不家置獲覽
聖迹與夫歷代褒崇之典奕葉繼紹之人如登岸

而披日月咸快瞻仰比因兵灾

闕里家廟半爲灰燼中朝士大夫家藏文籍[illegible]

没豈二書獨能存歟元措托體先人襲封世嗣惶斯

文之將泯恐

祖牒之久湮去

聖愈遠來者難考迺與太常諸公討尋傳記及諸典

禮於二書之外得三百二事皆往古尊師之懿範

皇朝重道之宏規前此所未見聞者於是增益二書

合爲一編及圖

聖像廟宇山林手植檜等列於篇首題曰孔氏祖庭

廣記其兩漢以來林廟碑刻舊書止載名數今并及

其文而録之蓋慮久而磨滅不可復得且
先聖生於周靈王二十一年庚戌迄今凡一千七百
七十八歲其間經丗變亂不知其幾而
聖澤流衍無有窮已固不待紙傳而可久也然所以
規規爲此者特述事之心不得不然是書之出也不
惟示訓子孫脩身愼行不墜
先業流芳萬古是亦學者之光也

正大四年歲次丁亥十月望日資政大夫襲封
衍　聖公知集賢院兼行太常丞五十一代孫
元措謹記

正大四年歲次丁亥十月望日訖功

太學生介山馬天章畫像

禮官業進士浚儀王柔立校正

禮官業進士中山靳．唐校正

太常寺太祝日照張簵校正

集賢院司議兼太常寺奉禮郎權博士古燕馬遂良校正

惠民司令兼太常博士富平米章校正

資政大夫襲封衍聖公知集賢院兼太常丞五十一代孫元措謹續編

孔氏祖庭廣記引

古之君子皆論譔其先祖之德明著之後世蓋先世有美而不知者不明也知而不傳不仁也明足以見仁足以顯然後為君子故

素王之孫穆公師子思首論祖述憲章之道魏相子順稱相魯之政化漢博士子國復推明所修六經垂世之教當世莫不賢之自夢奠兩楹之後迄今千七百載傳家奉祀者數贏五十繼繼公侯象賢載德如聯珠疊璧輝映今古於乎休哉

聖人之澤流光如此後之人能奉承不墜又如此宜有信書廣記備言顯揚世美以示于將來傳之永久

方是襲封資政公因家譜庭記之舊質諸前史參以
傳記併録林廟累代碑刻兼述皇統大定明昌以來
崇奉
先聖故事博採詳考正其誤補其闕增益纂集共成
一書凡一十二卷名曰孔氏祖庭廣記應祖庭事跡
林廟族世古今名號典禮沿革之始末並列于篇粲
然完備於
國則
累朝尊師重道之美靡所不載於家則高曾祖考保
世承祧之美靡所不揚故
先聖配天之德愈久而愈彰噫若資政公者可謂仁

二

明君子能世其家者也資政公嘗以書示予予欽衽觀之既欽仰其世德又嘉公之用心得繼志述事之義乃磨鈍彫朽爲之題辭焉

正大四年歲次丁亥十月丁未朔資政大夫前尚書左丞致仕張行信

祖庭雜記舊引

四十七代孫朝散大夫知邠州軍州事借
紫金魚袋傳撰兼編類

先聖没逮今一千五百餘年傳世五十或問其族則内求而不得或審其家則舌舉而不下爲之後者得無愧乎竊嘗推原譜牒參政載籍則知鄭有孔張出於子孔衛有孔達出於姬姓蓋本非子氏之後而從居於魯者皆非吾族若乃歷代襃崇之典累朝班賚之恩寵數便蕃固可枚陳而列數以至驗祖壁之遺書訪闕里之陳迹荒墟廢趾淪没於春蕪衰草之中魯尚多有之故老世世傳之將使聞見之小未必

如接於耳目之近於是纂其軼事綴所舊聞題曰孔氏祖庭雜記好古君子得以觀覽焉時宋宣和六年歲次甲辰三月戊午曲阜燕居申申堂記

四十九代孫承事郎行開封府祥符縣主簿　璦　重編

家譜舊引

家譜之法世次承襲一人而已疎略之弊識者痛之甚　先聖之没于今一千五百餘年宗族世有賢俊苟非見於史冊即後世泯然不聞是可痛也如太常諱臧臨淮太守諱安國丞相諱光北海諱融蘭臺令史諱僖議郎諱昱纔十數人非見於漢史皆不復知矣魏晉而下逮於隋唐見紀者止百餘人按議郎本傳云自霸至昱七世之内至卿郡守者五十三人列侯七人今考於傳記乃知所遺之多也宗翰假守豫章恩除魯郡將歸之日遽以舊譜命鏤板用廣流傳以須博求以待他日實宋　元豐八年十一月一

[illegible]四十[illegible]孫朝議大夫知洪州事兼管內
農使兗江南西路兵馬鈐轄柱國賜紫金魚袋[illegible]
翰謹題

孔氏祖庭廣記目録

舊書 家譜并雜記分三卷門類一十八計五百四十三事

新書并世次添九卷於舊書内纂出門 廿五刱增門類三

計二百九十六事分一十二卷類二十六門計八百四十事

舊事二百九十　續事三十八

卷第二

新編門類

崇奉詔文

舊詔文十一　續詔文七

卷第三

新編門類

崇奉雜事

舊事六十　續事一十五

卷第四

新編門類

林廟親祠

舊事六　續事二

新編門類

學廟親祠　皇太子附

舊事五　續事二十五

卷第五

新編門類

祭祀雜事

舊事一十八　續事一十九

卷第六

刱增門類

族孫 四十六人

世系別録 八十八人

計一百三十人

卷第七

澤及子孫

舊事三十五 續事六

卷第八

姓譜 先聖誕辰諱日 毋顏氏

娶幷官氏 先聖小影 給灑掃廟户

舊事二十一 續事五

卷第九

族孫碑銘

舊碑名數二　刱增碑文三銘一

孔氏祖庭廣記目録終

編類撿閱書籍

周禮　左傳　禮記　家語　史記　前漢

漢紀孫悅　後漢　三國志　晉書　魏書　宋書

南史　北史　南齊　北齊　梁書　周書

陳書　隋書　舊唐　新唐　開元禮　唐會要

通典　五代史　宋會要　續宋會要　通鑑長編　編年通載

長安志　大金儀禮纂修雜録　國朝集禮

國朝續集禮　專條　世家舊書

小影

孚光李嶠刁

攬子從行

憑几

乘輅

尼山顏母山相對
五峯
智源谿
宣聖廟
觀川亭
坤靈洞
中和壑

文德林

防山
啓聖父母墓
桃洛村

千十四
戈山口

顏母山尼山相對
顏母廟
聖井

卜氏

真宗駐蹕亭
龍門
城缺
孔林
三代墓
二代墓
宣聖墓

闕門
國北城
二十六
講堂在林外
東北二里

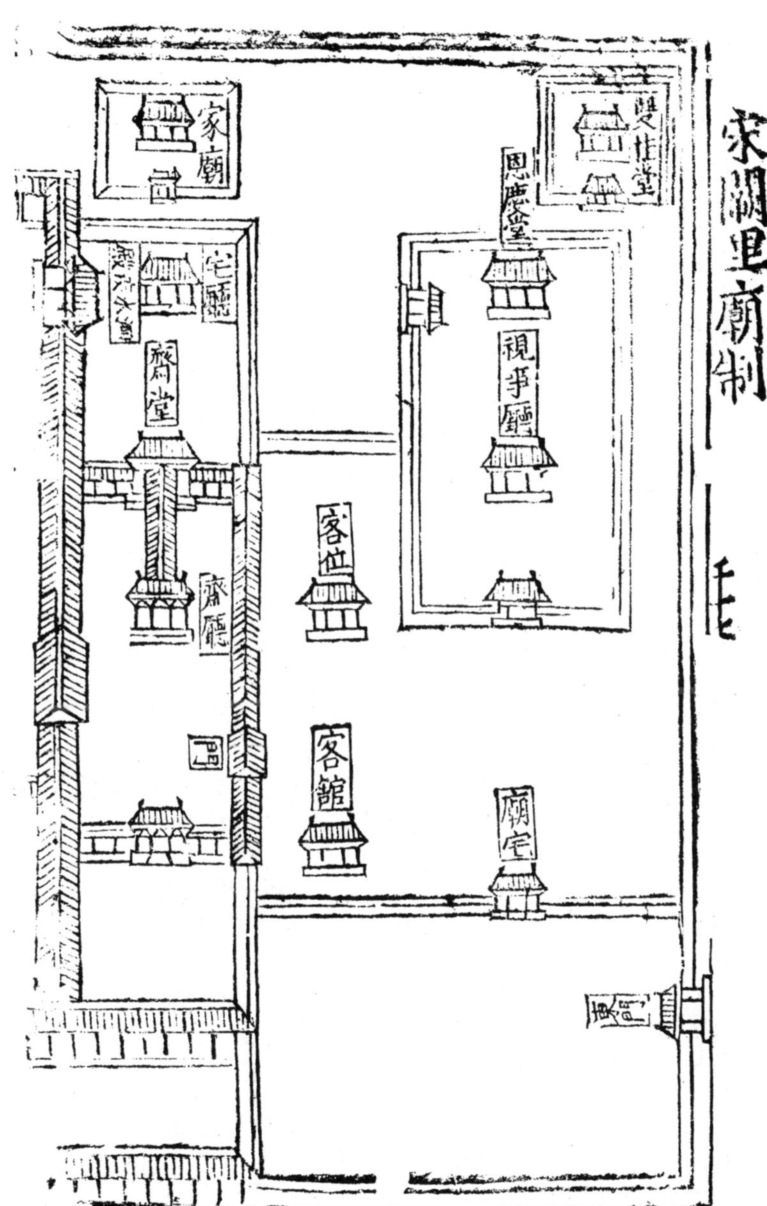
宋湖里廟制
家廟
雙桂堂
恩慶堂
宅廳
齋堂
視事廳
客位
齋廳
客館
廟宅

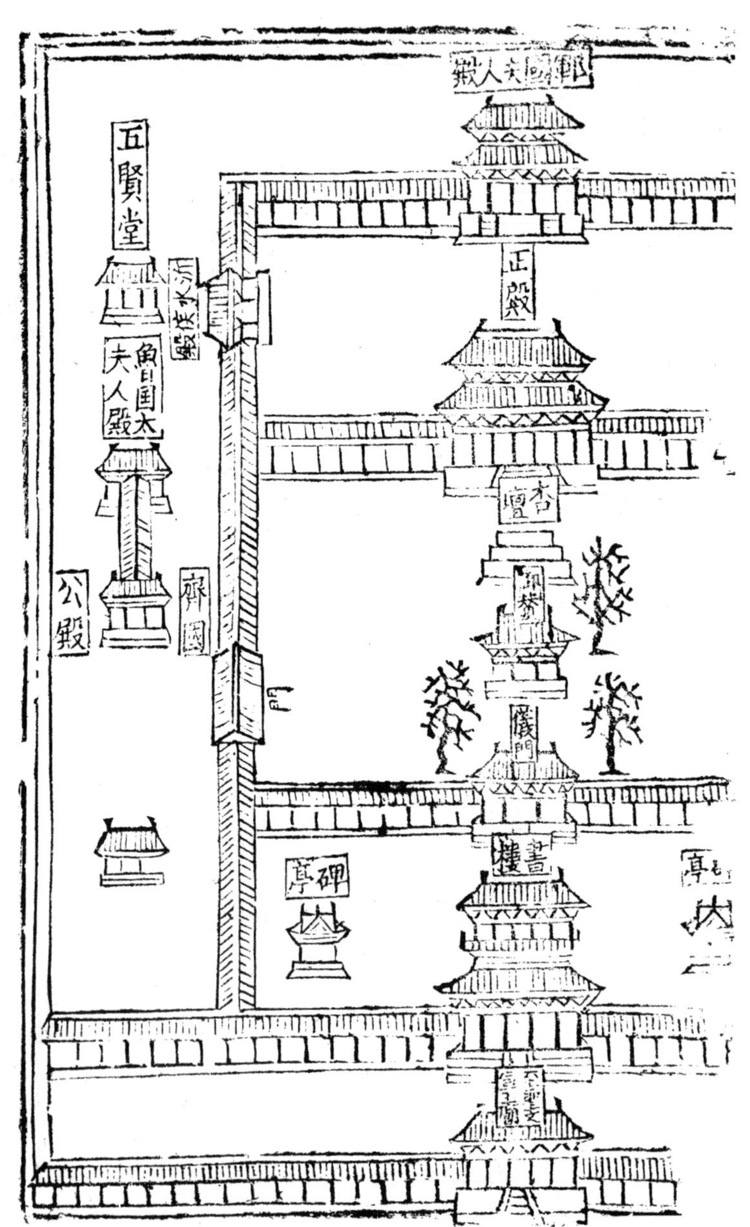
鄆國夫人殿
五賢堂
沂水侯殿
魯國太夫人殿
正殿
齊國
公殿
杏壇
御贊
儀門
書樓
碑亭
亭
大聖文宣王廟

金尼山廟制

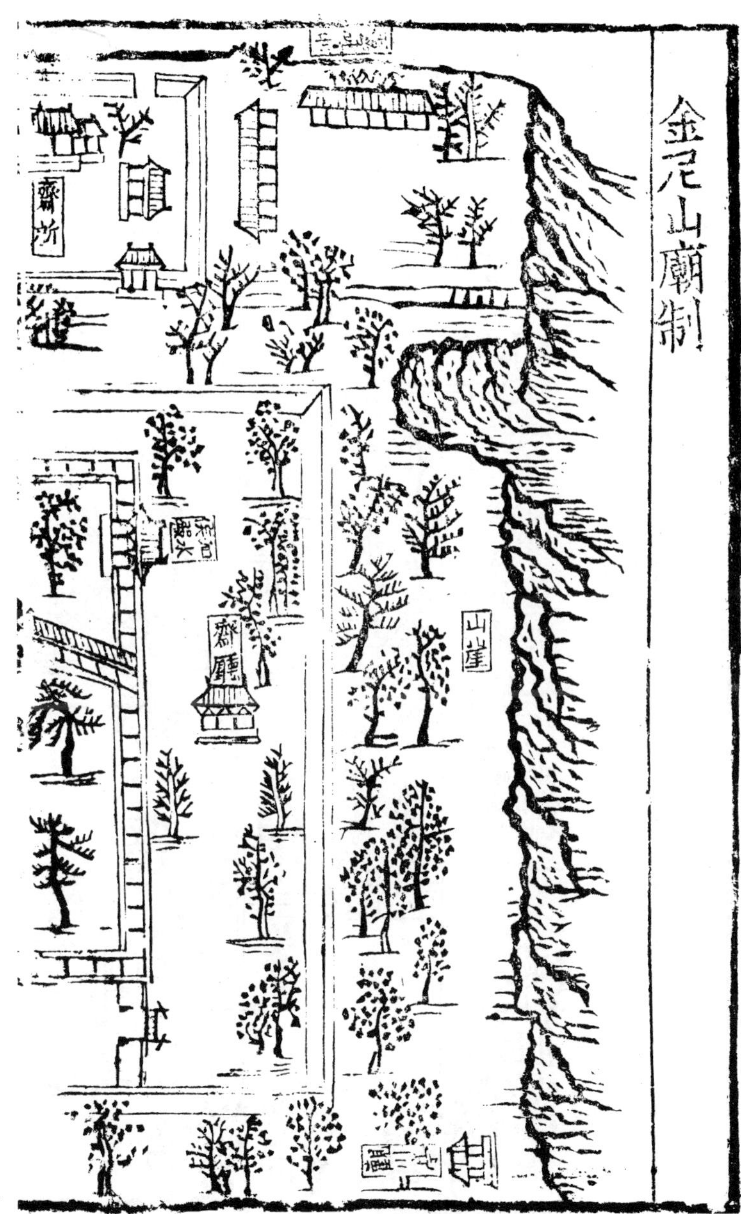

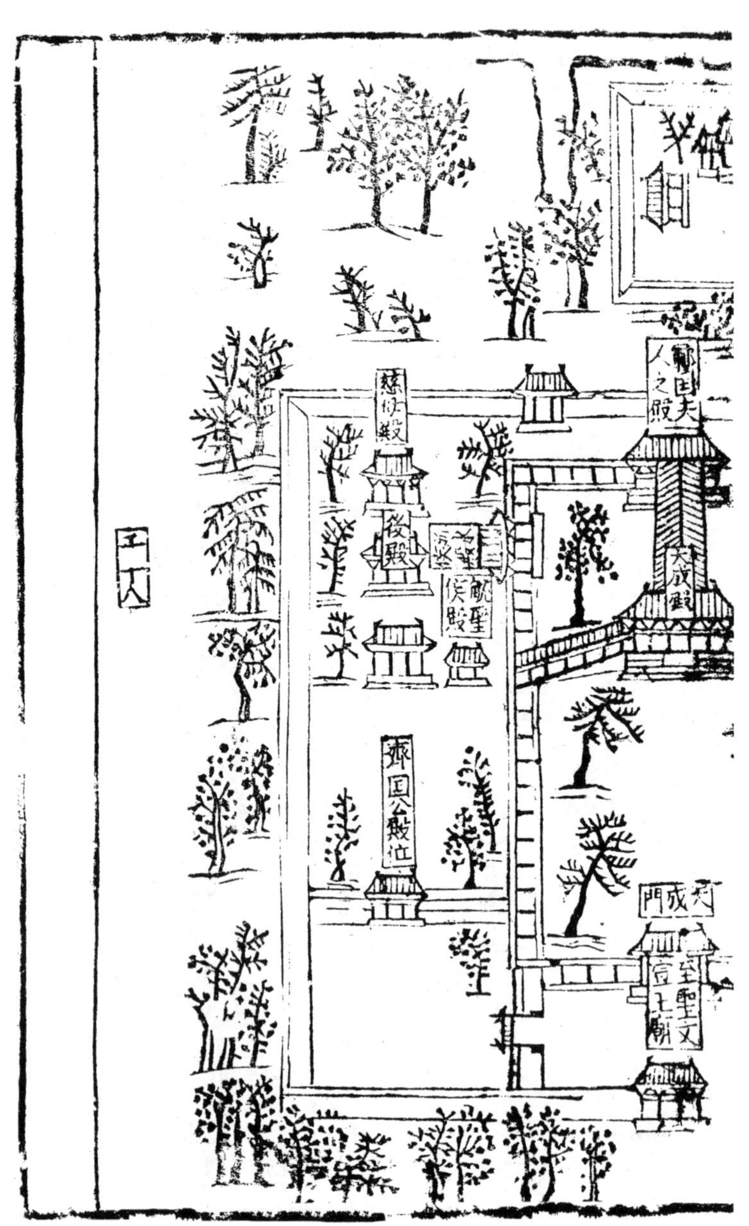

鄆国夫人之殿
大成殿
後殿
啓聖侯殿
郕国公殿位
大成門
至聖文宣王廟

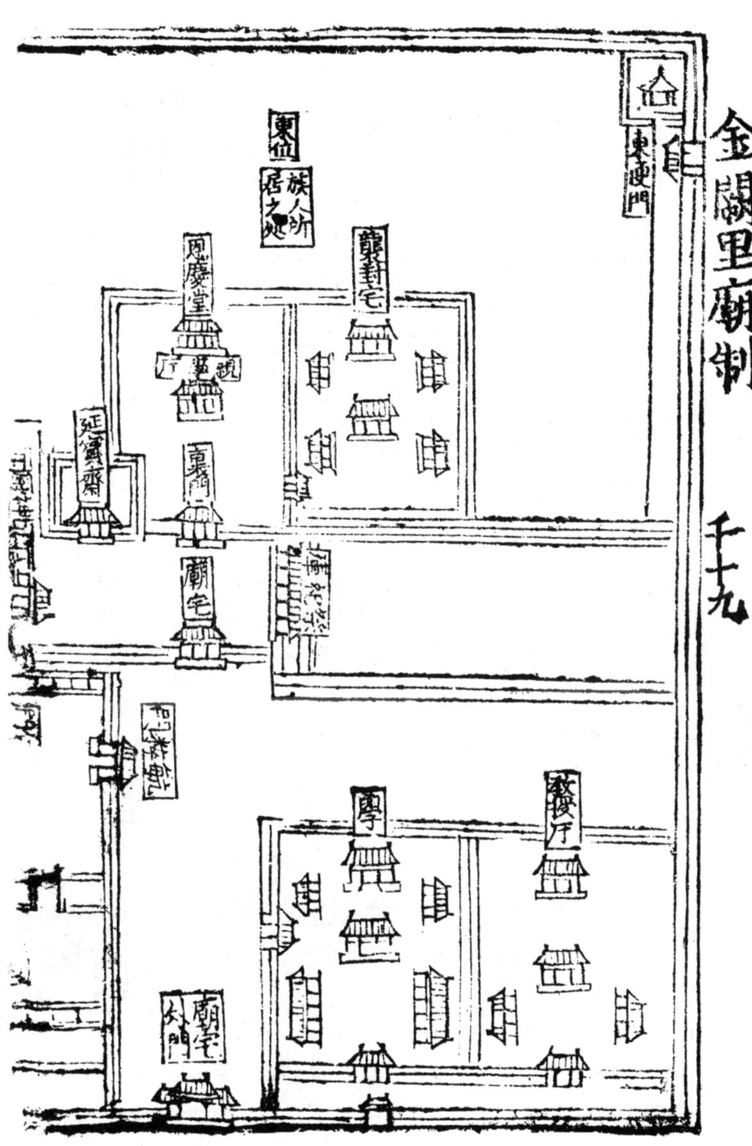
金闕里廟制
東便門
東位
族人所居之處
恩慶堂
襲封宅
延賓齋
東裏門
廟宅
學
教授厅
廟宅外門

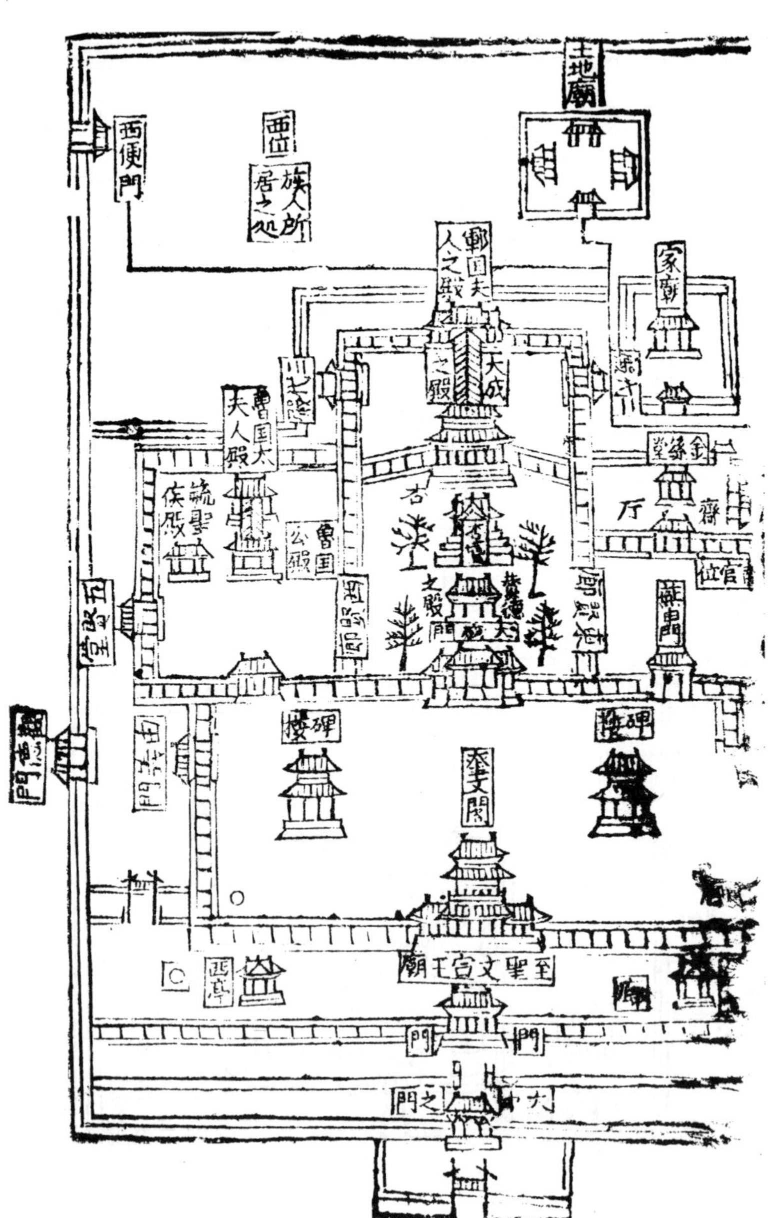
土地廟
西便門
西位
族人所居之处
鄆国夫人之殿
家廟
天成之殿
魯国太夫人殿
毓聖侯殿
魯国公殿
金絲堂
斉
厅
官位
大成門
碑樓
碑樓
奎文閣
至聖文宣王廟
西亭
門
門
大中之門

手植檜

兩株在御賛殿前

一株在杏壇東南

魯國圖
太山
徂徠山
蒙山
泗源
泗水縣
泗水
防墓
防山
沂水
顏子墓
尼山
顏母山
孟子墓

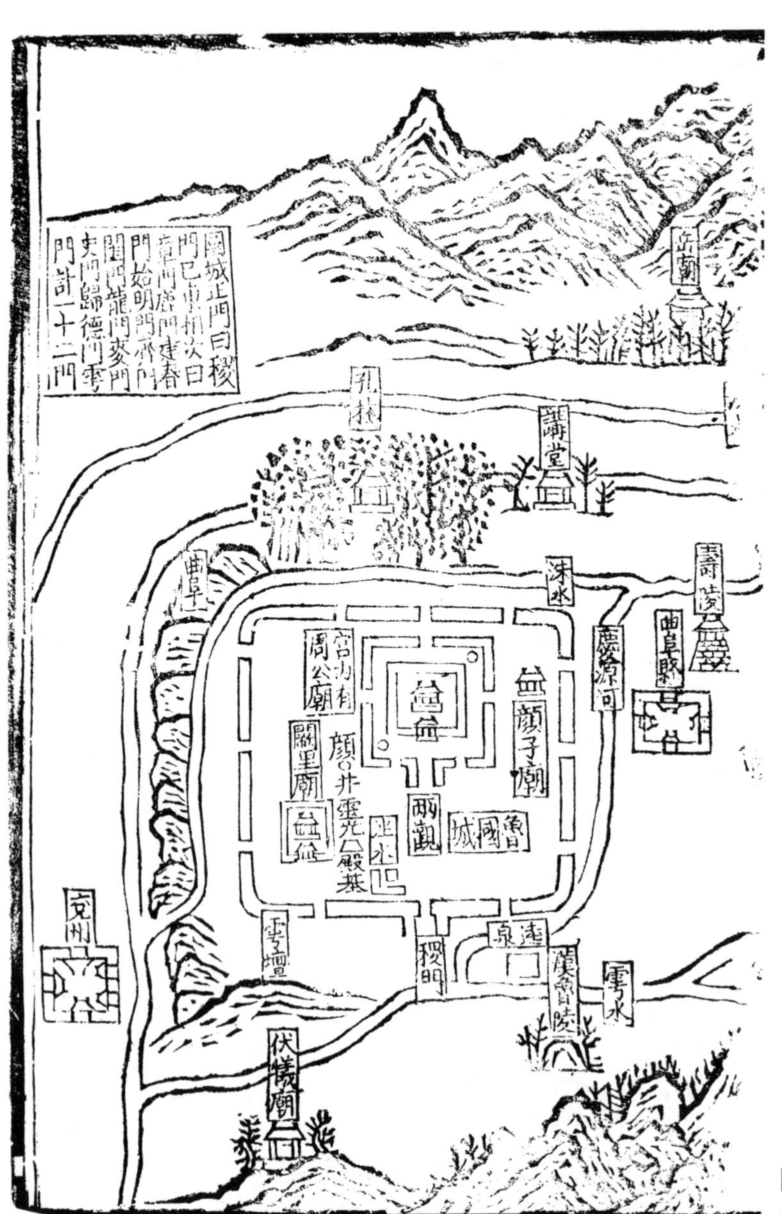
國城正門曰稷門巳東折次曰章門鹿門建春門始明門齊門闓門龍門麥門吏門歸德門雩門計十二門
孔林
講堂
壽陵
曲阜縣
曲阜
洙水
宮內有周公廟
顏子廟
闕里廟
顏井
靈光殿基
泮水
兩觀
魯國城
稷門
逵泉
漢魯陵
雩水
雩壇
兗州
伏羲廟

孔氏祖庭廣記卷第一

先聖

至聖文宣王魯曲阜昌平鄉闕里其先宋人也世本云宋孔父嘉生木金父木金父生祈父其子奔魯爲孔防叔生伯夏伯夏生叔梁紇長子曰伯皮有疾不任繼嗣遂娶顏氏禱於尼山得孔子魯襄公二十二年冬十月庚子日孔子生生而首上圩頂故因名丘字仲尼二歲紇卒孔子長九尺六寸腰大十圍凡四十九表反首洼面月角日準手握天文足履度字或作王字坐如龍蹲立如鳳跱望之如仆就之如昇耳垂珠庭龜脊

膺河目海口山臍林背翼臂斗唇注頭隆鼻阜脥堤眉地足谷竅雷聲澤腹昌顏均頤輔喉駢齒眉有一十二采目有六十四理其頭似帝唐其顙似帝舜其項類皋陶其肩類子產自腰以下不及禹三寸有大聖之德生於周末計周之年當靈王二十一年生敬王四十一年薨不當文武之時故曰周末古史云孔子學極天人道窮祕奧龜龍銜負之書七政五緯之事庖羲黃帝之能唐舜周公之美孟軻曰生民以來未有如孔子者也一人而已魯大夫孟釐子病誡其嗣懿子曰孔子聖人之後吾沒汝必師之蓋謂商湯之後也年十九娶宋國

并官氏女生伯魚魯昭公以雙鯉賜之榮君之賜因爲名字伯魚其後定公以孔子爲中都宰一年四方諸侯皆則焉定公九年始爲邑宰十年爲司空十一年爲大司寇攝行相事十四年誅魯大夫亂政者少正卯於兩觀之下去魯凡十四歲魯哀公十一年自衛反魯季康子逐公華公賓公山以幣迎孔子乃歸删詩書定禮樂成六藝晚而喜易次彖繫象說卦文言韋編三絶教弟子於洙南泗北門徒三千博徒六萬達者七十二人焉及哀公十四年春西狩大野獲麟曰吾道窮矣乃因史記而作春秋文加褒貶而修中興之教麟見而天告

夫子將亡徵也孔子病夢坐奠於兩楹之間子貢請見曰子方負杖逍遥於門曰賜汝來何晚也孔子因嘆曰太山頹乎梁木壞乎哲人萎乎因以涕下謂子貢曰天下無道久矣莫能宗予後七日薨年七十三以魯哀公十六年夏四月己丑葬於魯城北泗水為之却流哀公十七年立廟於舊宅守陵廟百戶弟子皆服三年心喪畢相訣而去則哭各盡哀或復留唯子貢廬於冢者六年然後去弟子於廟藏孔子衣冠琴瑟車書弟子及魯人往從冢而家者百有餘室因命曰孔里魯世世相傳歲時奉祠於冢子孫嗣襲不絶

追崇聖號

魯哀公命　先聖曰尼父其誄云旻天不弔不憖遺

一老俾屏予一人以在位煢煢余在疚嗚呼哀哉

尼父無自律

後漢平帝元始元年六月追謚　先聖爲褒成宣尼

公

和帝永光四年封爲褒尊侯

後魏高祖孝文皇帝太和十六年二月丁未改謚

文聖尼父告謚孔廟

後周宣皇帝大象二年三月丁亥詔進封爲鄒國公

唐太宗貞觀二年升　夫子爲先聖

十一年詔尊爲宣父
高宗乾封元年正月三十日追贈爲太師
則天天授元年十月二十九日封隆道公
玄宗開元二十七年八月二十三日詔追謚爲 文
宣王
宋 真宗大中祥符元年十一月戊午朔詔加謚曰
玄聖 文宣王春秋演孔圖曰孔子夢感黑帝而生故曰玄聖莊子曰恬淡玄聖素王之道遂取次爲稱
五年十二月壬申詔改玄聖文宣王爲 至聖文宣
王

世次

二代鯉字伯魚學通儒術魯哀公以幣召之稱疾不行年五十卒葬　宣聖墓東　宋崇寧元年追封爲泗水侯其制曰孔氏之道萬世所尊鯉實嗣之親聞詩禮魯堂從祀厥有舊祠疏以爵封以示褒顯

三代伋字子思博綜古今有亞聖之才魯穆公師之兼孟軻之徒數百人穆公謂伋曰千乘之國欲以爲友何如伋曰古之人有道者事之豈曰友乎孟軻聞之歎曰求之爲友尚不可況召之乎穆公又以鼎肉遺伋伋不悦曰今君以大馬畜伋也可歟

以伋為國相時臣皆世襲淫寵遞相傾難不
訓乃嘆曰若作國相不得行吾大道則乃為相之
恥故不受謂穆公曰臣聞君子猶鳥也疑之則舉
矣自此乃適衛值懸子問禮焉又魯人曾申問何
不仕伋曰道若吾願也今天下諸侯其孰能哉而
有屈已以富貴者恐不如亢志而貧賤於是在衛
衣縕袍無表二旬九食陳子方遺以狐白裘恐其
不受即言曰吾與人物如棄之耳伋辭曰吾聞棄
物於溝壑不肖者受之今雖貧不忍以身為溝壑
魯雖師之不能委以國事嘗著書曰中庸表記年
六十七葬祖墓東南生白　宋崇寧元年追封為

沂水侯其制曰聖人之後孟氏之師作爲中庸萬
世尊仰眷惟曾郡實有舊祠追加爵封以示褒典
元豐五年傳母兄若外監修祖廟因嘆曰祖伯魚
子思恢闡聖道皆有功於世而未有廟像誠吾家
之闕典乃輟已俸立祠堂塑二祖像

四代白字上通習羣書又善兵法方值戰國諸侯以
兵相尚齊威王召白爲國相生求

五代求字子家通習儒道有遁世之志楚召不仕葬
祖墓東北生箕

六代箕字子京爲魏相生穿

七代穿字子高又曰子順博學清虛沉靜有遁世之

志楚魏偕召之不仕著儒家之語十二篇名曰蘭言年五十一葬祖墓南生謙

八代謙又名斌字子慎仕魏爲安僖王相秦莊公召不行魏以孔子後嗣封魯文信君年五十七子鮒

九代鮒字子魚好習經史該通六藝秦始皇并天下分爲三十六郡召爲魯國文通君拜爲少傅三十四年丞相李斯始議焚書是時鮒知秦將滅藏其家語論語尚書孝經等安於祖堂舊壁中自隱於嵩山後爲楚王太傅卒於陳下三子長子諱字舊書不載中子貞幼子彥事高祖爲將有功封蓼侯子成嗣

十代貞字子忠該習古今有高尚之志徵爲博士封

褎成侯年五十七生武

十一代武爲武帝博士至臨淮太守早卒生延年及

安國

十二代延年博覽羣書無所不備武帝時爲博士轉

少傅遷大將軍年七十一葬祖墓北生霸

十三代霸字次孺幼有奇才漢昭帝時爲博士宣帝

時以太中大夫授皇太子司經遷詹事爲高密相

是時諸王相在郡守之上元帝即位拜太師賜爵

關内侯食實封八百户號褎成君給事中加賜黄

金二百斤宅一區徙居長安霸爲人謙退嘗辭禄

位太過何德以堪之上欲致之相位霸讓至三四
上知其誠遜止以是敬之賞賜甚厚年七十二終
於弟上素服親臨弔者冊至賜東園秘器錢帛策
贈以列侯禮謚曰烈君霸四子長子福次子捷捷
弟喜皆列諸曹校尉少子光
十四代福襲封關內侯年六十二葬祖墓北生房
十五代房封關內侯生均
十六代均字長平敦篤好學恬淡有大才為尚書郎
言辭清辯奏對成章平帝元始元年封魯國褒成
君食邑二千戶王莽篡位拜為太尉三辭疾乃得
還年八十一生志均弟奮字君魚武都太守

十七代志後漢光武拜大司馬建武十四年封褒成侯食邑二千户謚爲元成侯生損

十八代損後漢明帝永平十五年封爲褒成侯章帝元和二年二月東巡守褒成侯助祭焉後永元四年徙封損褒亭侯生耀

十九代耀襲封褒亭侯食邑一千户生完

二十代完襲封褒亭侯食邑一千户早亡無嗣取毋弟之子羨繼世

二十一代羨魏黄初元年拜奉議郎又封崇聖侯食邑一千户奉祀葬祖墓南生震

二十二代震晉武帝太始三年改封奉聖侯拜太

常卿黃門侍郎食邑二千户年七十五生嶷

二十三代嶷晉襲封奉　聖侯食邑二千户生撫

二十四代撫晉舉孝廉辟太尉掾襲封奉　聖侯為豫章太守食實封一千户生懿

二十五代懿東晉襲封奉　聖侯又從事中郎食邑一千户年六十一葬祖墓西生鮮

二十六代鮮恢廓有大度好學善誘誨宋文帝元嘉十九年襲封奉　聖侯又改封崇　聖侯生乘

二十七代乘博學有才藝後魏舉孝廉文帝延興三年封崇　聖大夫食邑五百户生靈珍

二十八代靈珍後魏授秘書郎孝文帝太和十九年

增封崇　聖侯食邑一千户生文泰
二十九代文泰襲封崇　聖侯食邑一千户年五十
八葬祖墓南生渠
三十代渠襲封崇　聖侯北齊文宣帝天保元年六
月改封恭　聖侯後周宣帝大象二年改封鄒國
公食邑一千户生長孫
三十一代長孫襲封鄒國公食邑一千户年六十四
葬祖墓西北生嗣哲
三十二代嗣哲隋應制登科授涇州司兵叅軍遷太
子通事舍人大業四年改封紹　聖侯食邑一千
户十二年授吳郡主簿帝崩揚州由是歸魯年七

十葬祖墓西生德倫
三十三代德倫唐太宗貞觀十一年改封褒　聖侯
朝會位同三品食邑一千户　則天天授二年
十月二十日賜德倫勑書及時服年七十一生崇
基
三十四代崇基證聖元年襲封褒　聖侯中宗神龍
元年五月制授朝散大夫陪祭朝會年五十六生
璲之
三十五代璲之字藏暉玄宗開元五年襲封褒　聖
侯特授四門博士邵王府文學蔡州長史二十七
年制曰求惟聖道思闡儒風故尊崇先王所以弘

至教褒奬後嗣所以美前烈褒　聖侯璲之纂承
睿哲克履中庸三命益欽敦素遵憲於祖業百代必
祀光寵祕於朝恩積慶之餘既開於土宇至德不
朽宜傳於帶礪可文宣公兼除兖州長史遷都水
使者食邑一千户生萱
三十六代萱兖州泗水縣令襲封文宣公生齊卿
三十七代齊卿德宗建中十四年襲封文宣公轉吉
州司兵參軍時遭叛亂陷於東平生惟晊
三十八代惟晊憲宗元和十二年東平兵解歸魯襲
封文宣公奉祀年六十五在祖墓東生策
三十九代策明經及第襲封文宣公遷國子尚書博

士年五十七葬祖墓西南生振
四十代振唐懿宗咸通四年狀元及第除祕書省校
書郎歷水部員外郎實封百戶年七十四葬祖墓
北生昭儉
四十一代昭儉以任南陵縣尉授廣文博士又兖州
司馬賜緋除祕書郎累宰曲阜實封百縑年六十
葬祖墓西生光嗣
四十二代光嗣齋郎出身昭宗天祐中授泗水縣令
陵廟主年四十二葬祖墓西北生仁玉
四十三代仁玉字温如長七尺姿貌異常善六藝尤
精春秋爲人嚴整臨事有斷九歲任曲阜縣主簿

兩考滿除令襲封文宣公後周太祖廣順二年幸
儒廟及謁孔林召對數刻面賜章服白金雜綵復
授本縣令兼監察御史終於任所年四十五葬祖
墓東贈至兵部尚書三子曰宜曰憲曰昜
四十四代宜字不疑幼而聰晤慢情典籍十歲能屬
文加以厚重宏博未嘗狎小兒曹十九舉進士未
第然不惰其志而息於學方謀再上俄鍾家禍哀
毀聞於鄉曲乾德間拜章闕下引家門故事特勑
授曲阜縣主簿秩滿赴調授黃州軍州推官時方
平吳地扼江岳咽喉乃至參預兵機贊成時務皆
賴於宜焉受代而歸太宗召見遷司農寺丞監星

子鎮撫江左始平庶務不綱星子實江湖之會要貨殖之都聚宜度其利害請營之爲軍朝議以爲戶口少且外爲縣遂命就宰之政成考績有稱轉運使王明奏以言忠行篤不踰聖祖之規守法奉公可稱明王之用伏望擢居朝列委以事權苟有踈遠臣甘連坐尋入覲乃執所著文賦上覽之甚嘉焉顧問孔氏歷世之數具以實對上謂左右曰家世有如此者乎特遷贊善大夫襲封文宣公

誥略云朕以　夫子之聖其道猶天睠彼裔孫宜其嗣襲況聞爾服勤素業砥礪官常乃諭善於東宮俾增榮於闕里勉遵家法以荷國恩通判高密

郡是時帝方命大將作恢敞儒宮命內侍高品殿
直各一人內品二人監督功役告成立碑於廟以
紀其事宜上表進方物以稱謝詔荅曰素王之教
歷代所尊當予治定之初特展崇修之典汝襲封
闕里就列周行虔脩貢輸慶茲輪奐省閱嘉獎不
忘於懷自高密歸闕遷殿中丞遇北鄙不寧王師
問罪宜因督轄饋運臨含刃之急固守朴忠陷於
邊境歲實雍熙三年也年四十六宜自爲政臨民
不喜刑法故綽綽有善人之譽復友愛於兄弟至
於飲膳不偕坐則未嘗悅懌訓導諸子必委順而
言之喜怒不形於色閨門之內雍雍如也優游翰

墨其所著述多播誦人口有子三人長曰延世次曰延澤咸平三年進士登科次曰延渥因東封駕幸儒廟賜同學究出身

四十五代延世字茂先魁梧有大度博學善於吟詠雍熙三年因父没邊境特賜同學究出身授曲阜縣主簿秩滿授福州閩縣令後叅調授許州長葛縣令至道三年閏七月五日真宗諭宰臣曰先聖及十哲七十二賢宜令重加綵繪仍咨訪宣聖有何子孫吕端奏曰有嫡孫延世見任許州長葛縣令詔與除曲阜一官使主祭祀是年九月戊寅以長葛縣令孔延世爲曲阜縣令襲封文宣公

并賜九經太宗御書祭器加銀帛而遣之詔本路轉運使本州長史待文宣公以賓禮仍留三年十一月内又准尚書劄子抽赴闕召上殿訪以家故事授曲阜令封文宣公面賜束帛中金器物又賜太宗御書并九經書乃重給祭器後卒於任所年三十八生聖佑（長編家譜所載月日先後不同故兩存之）

四十六代聖佑年十一景德四年八月十九日賜同學究出身大中祥符元年八月五日詔封祀日賜令衣緑次京官陪位　注初上謂宰相王旦等宣尼孫聖佑止有出身未霑命服難列班次焉　授奉禮郎尋知曲阜縣令四年以聖

大理評事掌本縣錢穀出納之務後爲光祿
天禧五年二月襲封文宣公知仙源縣事遷[illegible]
大夫卒於家無嗣以親堂弟宗愿繼世
宗愿字子莊贈諫議大夫延澤之子睦族和孝絜
誠於祭祀寶元二年九月爲國子監主簿襲封文
宣公知仙源縣事兼管勾 文宣王廟仁宗至和
二年三月丁卯詔封 孔子後衍 聖公乃太常
博士祖無擇言 文宣王四十六代孫宗愿襲封
文宣公按前史 孔子之後襲封者在漢魏曰褒
成褒亭崇 聖在晉宋曰奉 聖後魏曰崇 聖
北齊曰恭 聖後周及隋並封以鄒國唐初曰褒

聖開元初追謚　孔子爲文宣王又以其後爲文
宣公然祖謚不可加後嗣乞詔有司更定美號仍
下兩制更封宗愿而令世襲焉其制曰　孔子之
後以爵號褒顯世世不絶其來遠矣自漢元帝封
爵爲褒成君以奉其祀至平帝時均爲褒成侯始
追謚　孔子爲褒成宣尼公褒成其國也宣尼其
謚也公侯其爵也後之子孫雖更改而不一而不
失其義至唐開元中始追謚　孔子爲文宣而尊
以王爵封其嗣褒　聖侯爲嗣文宣公孔氏子孫
去國名而襲謚號禮之失也蓋由此始朕稽考前
訓博採羣議皆謂宜去漢之舊革唐之失稽正

以義爲當朕念先帝崇尚儒術親祠闕里而始
加至聖之號務極尊顯之意肆朕纂臨繼奉先志
尊儒重道不敢失墜而正其後裔嗣襲之號不其
重歟宜改　至聖文宣王四十六代孫宗愿爲衍
聖公生若蒙
四十七代若蒙字公明授仙源縣主簿襲封衍　聖
公熙寧元年二月四日以若蒙爲沂州新太縣主
簿襲封奉　聖公生端友端操
四十八代端友字子交白身授朝奉郎直秘書閣襲
封衍　聖公管勾祀事誥曰　至聖文宣王四十
八代孫端友自書契以還爵於朝者多矣未有傳

世四十有八而不絶者也惟爾 文宣王之後次當承襲宜錫文階并示寵渥往加恪慎務保厥榮宣和三年十一月特轉通直郎除直秘閣賜緋章服仍許就任闕陛以示崇奬誥曰先聖古今之師也由百世之後等百世之王殆未有能違之者朕既法其言尊其道舉以爲治猶以爲未也又録其後裔以褒大之爾 先聖之系效官東魯積有年矣通籍金閨陛芸華閣以示崇奬汝尚勉哉

四十九代璠字文老端友弟端操之子發齊阜昌二年補迪功郎權襲封管勾祀事天眷三年卒年三十八葬祖墓西南生拯及揔贈榮禄大夫

五十代拯字元濟璠之長子也

金

熙宗皇統二年三月行省咨

文宣王四十九代孫璠已襲封未施行間身故令

長男孔拯次當襲封照依天眷官制合除文林郎

合封行　聖公自古襲封不限年齒奏奉

勑旨准奏行時年七歲補文林郎襲封行　聖公

管勾祀事終承直郎大定元年辛年年二十六在祖

墓西南無嗣弟摠繼世

摠字元會大定三年七月補文林郎襲封行　聖

公管勾祀事至二十一年十一月

世宗召赴
闕下欲留任用力辭請專祀事於是特授曲阜縣
令襲爵之後嚴緊祭祀敦睦親族一日即仰瞻
廟庭私自言曰生爲子孫而繆當嗣職坐觀隘陋
寧不愧乎乃親率佃户之東山採伐良材增崇林
廟尼山防山殿當廊廡五十餘楹明昌元年卒五
十三贈光禄大夫葬　祖墓西南（碑見碑文卷後）昔年歷
四十雖得數子不育一日夜夢異人衣冠偉然告
曰今此非爾後丑年庚月丁日所生則真是爾子
矣當名元措後如其言遂以所告名之次子元紘
五十一代元措字夢得摠之長子年十一

章宗明昌二年四月補文林郎襲封衍聖公管
勾祀事特旨令視四品其誥云聖謨之大遺
範百王德祚所傳垂光千祀蓋立道以經世宜承
家之有人文宣公五十一代孫元措秀阜沂祥
清洙流潤芝蘭異稟蔚爲宗黨之英詩禮舊聞蚤
服父兄之訓語年雖妙論德已成肆䟽世爵之封
仍換身章之數非獨增華於爾族固將振耀於斯
文勉嗣前修用光新命
三年四月奉特旨襲封衍聖公孔元措然已
令視四品其散官係八品仰超授中議大夫已後
襲封並准此例明年超授中議大夫仍賜四品勲

封其誥

夫子旣没千八百年後人相承五十一世自近古以公其爵顧散階如彼其卑必也正名難於仍舊是以興百世之曠典峻五品之華資以爾有成人之風繼將聖之後當余定格會爾疏封噫廟貌存焉克謹歲時之祀家聲久矣無忘詩禮之傳學有餘師善将終譽

明昌二年十一月二十三日

章宗親行郊禮召赴闕侍祠位在終獻之次

承安二年二月　勅襲封衍聖公年及十七兼曲阜縣令仍世襲不得别行差占於是世襲曲阜

令
宣宗貞祐二年　車駕巡幸汴京七月趨赴闕
下時方丁母憂三年七月起復遥授東平府判官
初有旨授東平府判俟来春令尚書省奏若擬正
授是職緣目令多事之際未赴闕恐曠廢本職事
務有無姑且遥授至春乃正授令往管勾祀事兼
元措見丁毋憂有無特恩起復於是遥授仍起復
焉十月二十五日　上曰東平府判元措與随
朝除授平章高琪奏曰可有旨初與職事時　我
曾尋思待與随朝職事来爲承多勝奏　孔聖
墳塋見在河北若與本人随朝恐廢祭祀可與附

近州府職事以此不得已與了東平府判我思目今士冠未寧若謂廢祭祀與河北職事償因而被害却是絶了　聖人之後永廢了祭祀也如今與隨朝職事者遂授太常博士其年實十一月二十九日也興定三年秋蒲復任四年七月二十三日改行太常丞元光元年十一月授同知集賢院兼行太常丞正大二年三月秋知集賢院兼行太常丞四年秩滿復任六年十二月又任前職至天興元年八月通歷三考九月一日改除遥授太定軍節度使兖州管内觀察使兼行太常少卿天興二年正月　遷光禄大夫事改太常卿

祖庭廣記

商
二

孔氏祖庭廣記卷第二

歷代崇奉詔文

魏文帝黃初元年春正月詔（備見碑文）

宋文帝元嘉十九年十二月丙申詔曰胄子雖集學業方興自微言泯絶逝將千載感事思人意有慨然奉 聖之胤可速議繼襲於 先廟地特為營建依舊給祠直令四時饗祀闕里往經寇亂黌學殘毀幷下魯郡復修學舍採召生徒昔之賢哲及一介之善猶或衛其丘壠禁其芻牧況
尼父德表生民功被百代而墳塋荒蕪荆棘弗翦可蠲墓側數戶以掌洒掃魯郡上民孔景等五戶

居近　孔子墓側其課役以給洒掃幷種松栢六
百株
世祖孝武皇帝孝建元年冬十月戊寅詔曰
仲尼體天降德維周興漢經緯三極冠冕百王爰
自前代咸加褒述典司失人用闕宗祀先朝遠存
遺範有詔繕立世故妨道事未克就國難頻深
忠勇奮厲實憑聖義大教所敦永惟兼懷無忘
待旦可開建　廟制同諸侯之禮詳擇爽塏厚給
祭秩
南齊世祖永明七年二月己丑詔曰
宣尼誕敷文德峻極自天發輝七代陶鈞萬品英

風獨舉素王誰匹功隱於當年道深於日月感麟
厭世緬邈千祀川竭谷虛陵夷淵塞非但洙泗湮
淪至乃饗嘗乏主前王敬仰崇修寢廟歲月亟流
鞠為茂草今學斆興立實禀洪規撫事懷人彌增
欽屬可改築宗祊務在爽塏量給祭秩禮同諸侯
奉 聖之爵以時繼紹
明帝永泰元年三月戊申詔曰
仲尼明聖在躬允光上哲弘厥雅道大訓生民師
範百王軌儀千載世人斯仰忠孝攸出玄功潛被
至德彌闡雖反袂遐嗟而祧薦靡闕時祭舊品秩
比諸侯頃歲以來祀典陵替俎豆寂寥牲奠莫舉

豈所以克昭大烈永隆風教者哉式循舊典詳復
祭秩使牢餼備禮欽饗兼申
梁敬皇帝太平二年春正月壬寅詔曰
夫子降靈體喆經仁緯義允光素王載闡玄功仰
之者彌高誨之者不倦立忠立孝德被烝民制禮
作樂道冠群后雖泰山頹峻一簣不遺而泗水餘
瀾千載猶在自國圖屯阻祧薦不修奉聖之門
胤嗣殲滅敬神之寢簠簋寂寥永言聲烈寔兼欽
愴外可搜舉魯國之族以爲奉聖後并繕廟堂
祗備祀典四時薦秩一皆遵舊
東魏高祖孝文皇帝延興二年春二月乙巳詔曰

尼父禀達聖之姿體生知之量窮理盡性道光四
海頃者淮徐未賓 廟隔非所致令祠典頓寢禮
章殄滅遂使女巫妖覡淫進非禮殺生鼓舞倡優
媟狎豈所以尊明神敬聖道者也自今已後有祭
孔子廟制用酒脯而已不聽婦女合雜以祈非望
之福犯者以違制論其公家有事如[illegible]犧牲粢盛
務盡豐潔臨事致敬令肅如也
周宣皇帝大象二年二月丁亥詔曰大德之後是稱
不絶功施於民義昭祀典
孔子德惟藏往道實生知以大聖之才屬大聖之
運載弘儒業式叙彝倫至如幽賛天人之理哉

成禮樂之務故作範百王垂風萬葉朕欽承寶曆服膺教義眷言洙泗懷道滋深而褒成啓號雖彰故實旌崇聖績猶有闕如可追封爲鄒國公邑數准舊并立後承襲別於京師置廟以時祭享

陳後主至德三年十一月巳未詔曰 宣尼誕膺上哲體資至道祖述憲章之典並天地而合德樂正雅頌之奧與日月而偕明垂後昆之制範開生民之耳目梁季湮微靈寢忘處鞠爲茂草三十餘年敬仰如在永惟懍息今雅道和熙由庚得所斷琴故履零落不追閱笥開書無因循復外可詳之

禮典攺築舊廟葯房榱棟咸使惟新芳蘩潔潦
以時饗奠
隋煬帝大業四年冬十月丙午詔曰　先師尼父聖
德在躬誕發天縱之姿憲章文武之道命世膺期
藴茲素王而頹山之嘆忽踰於千祀至德之美不
存於百代永惟懿範宜有褒崇可立　孔子後爲
紹聖侯有司求其苗裔録以申上
唐高祖武德二年六月一日　詔曰大德必祀義在方
冊達人命世流慶後昆爰始姬旦興若　宣尼天
姿叡哲四科之教歷代不刊三千之徒風流無歇
惟茲二聖道濟生人尊禮不修孰明褒尚宜令有

司於國子學立周公　孔子廟各一所四時致祭
仍博求其後具以名聞　詳考所宜當加爵土
高宗乾封元年封禪還途經曲阜親祠廟贈　先聖
爲太師制（備見碑文）
玄宗開元二十七年八月二十三日詔曰弘我王化
在乎儒術能發此道啓迪含靈則生人以來未有
如　孔子者也所謂自天攸縱將聖多能德配乾
坤身揭日月故能立天下之大本成天下之大經
美政教移風俗君君臣臣父父子子人到于今受
其賜不其猗歟嗚戲楚王莫封魯公不用俾夫
大聖才列陪臣棲遲旅人固可知矣年祀寖遠

光靈益彰雖有褒稱而未爲崇峻不副於實人其
謂何 夫子既稱 先聖可追謚爲 文宣王令
三公持節冊命其後嗣褒 聖侯改封嗣 文宣公
昔周公南面 夫子西面坐今位既有殊豈宜依
舊宜補其墜典永作成式其兩京國子監及天下
諸州 夫子南面坐十哲等東西行列侍坐門人
三千見稱十哲包夫衆美實越等夷暢玄聖之風
規發人倫之耳目並宜褒贈以寵賢明

宋

眞宗大中祥符元年十月賜中書門下詔曰王
若順考古道懋建大猷 崇四術以化民昭宣教本
總百王而致治丕變人 文方啓迪於素風思丕揚

於鴻烈　先聖文宣王道隮上聖體自生知以天
縱之多能實人倫之先覺玄功侔乎簡易景鑠配
乎貞明惟列辟以尊崇爲億載之師表肆朕寡昧
欽承　叩曆曷嘗不遵守彝訓保乂中區屬以祗
若元付告成喬岳觀風廣魯之地飭駕數仞之墻
躬謁遺祠緬懷邈躅仰明靈之如在肅薦獻以惟
寅是用徵簡冊之文昭聰睿之德聿舉追榮之禮
庶申嚴奉之心備物典章垂之不朽誕告多士昭
示朕志宜追謚曰　玄聖文宣王
是月二十七日詔曰朕以紀號岱宗觀風廣魯載懷
先聖實主斯文矧　仲尼毓粹之區光靈可挹而

曲阜奉祠之地廟貌攸存將申款謁之儀用表欽崇之至宜取十一月朔幸曲阜縣備禮躬謁

十一月二日封　文宣王　父叔梁爲齊國公　母顔氏爲魯國太夫人制曰朕以祗陟岱宗親巡魯甸永懷　先聖之德躬造闕里之庭奠獻周旋欽崇備至唯降靈之所自亦錫羨之有初像設具存名稱斯闕宜加追命以煥典章　叔梁宜追封齊國公　顔氏宜進封魯國太夫人遣追都管員外郎王勵精虔祭告又伯魚　母幷官氏追封鄆國夫人制曰朕時行魯郡躬謁　孔堂顧風教之所尊舉典章而既渥眷惟令淑作合聖靈載稽簡冊之

文尚闕封崇之數屬茲寅咸秩特示追榮垂厥方來
式昭遺範 并官氏官 追封鄆國夫人仍令兗州
遣官詣曲阜廟祭告
一年勑曰國家尊崇師道啓迪化源眷惟鄒魯之邦
是曰詩書之國尼山在望靈宇增嚴朕登岱告成
回鑾款謁期清風之益振舉縟禮以有加式洽誨
誘之方更盡闡揚之旨宜以所賜太宗皇帝御製
書與九經書幷正義釋文及器物等並置於廟中
書樓上收掌委本州長吏職官與本縣令佐等同
共撿校如有講說釋奠並須以時出納勿令損污
此勑文仍仰刊之于石昭示無窮

是年五月一日詔朕乃者封山　禪社昭列聖之鴻休崇德報功廣百王之彝制洎言還於闕里遂躬謁於魯堂瞻河海之姿粹容穆若出洙泗之上高風凜然舉茂典之有加期斯文之益振由是推恩世胄併賜其寵榮祗事祠庭廣增其奉邑復念性與天道德冠生民議茲　先聖之名異廣嚴師之禮兼朕親爲制贊以奉崇儒至於四科鉅賢竝起五等七十達者俱贈列侯仍命宰寮分紀遺烈式盡褒揚之旨庶資善誘之方宜令中書門下樞密院三司使兩制尚書丞郎待制直館閣校理分撰贊以聞

孔氏祖庭廣記卷第二

孔氏祖庭廣記卷第三

崇奉雜事

魯哀公十七年立廟於舊宅守陵廟百戶即闕里先聖之故宅而　先聖立廟自此始也

前漢元帝初元中下詔太師褒成君霸以所食邑八百戶祀　先聖

後漢靈帝光和元年二月始置鴻都門學畫　先聖及七十二弟子像

魏文帝黃初元年令魯郡修起舊廟置吏卒百戶以守衛之又於其外廣為室宇以居學者

宋孝武皇帝孝建元年十月詔建　仲尼廟制同諸

侯之禮

梁武帝天監四年六月立　先聖廟

元帝初爲荆州刺史起州學　宣尼廟置儒林叅軍一人勸學從事二人生三十人加廪餼帝工書善畫自圖畫　聖像爲之賛而書之時人謂之三絶

後魏高祖太和十三年立　先聖廟於京師

陳後主至德三年十一月詔修復　先聖廟

唐高祖武德二年立　先聖廟於國子監

太宗貞觀二年房玄齡建言周公仲尼皆聖人然釋奠於學以　夫子大業以前皆以　孔子爲先聖以顔子爲先師別祀周公尊　孔子爲

先聖以顔子爲配
高宗顯慶二年七月十一日太尉長孫無忌等議曰
案新禮　孔子爲　先聖顔子爲先師又准貞觀
二十一年以　孔子爲　先聖更以左氏等二十
一人與顔子俱配　尼父於太學並爲先師今據
永徽令文改用周公爲先聖遂黜　孔子爲先師
顔子左氏爲從祀據漢魏以來取舍各異顔子
夫子玄作先師　宣父周公迭爲　先聖求其節
文遞有得失所以貞觀之末親降綸言依禮記之
明文酌成康之奥說正　夫子爲　先聖加衆儒
爲先師永垂制於後昆革往代之紕繆　仲尼生

衰周之末拯文喪之墜大祖述唐舜憲章文武弘至教於六經闡儒風於千世自漢以降奕葉封侯崇奉其聖迄於今日胡可降兹上哲俯入先師今請改令從詔於義爲允其周公仍依別禮配享武王

詔從之

乾封元年皇太子弘請立 宣聖碑進表（備見碑文）

睿宗太極元年親製 先聖贊曰猗歟夫子實有聖德其道可尊其儀不忒刪詩定禮百王取則吾豈匏瓜東西南北命刻于石

玄宗開元二十七年詔追謚 孔子爲 文宣王仍內出王者衮冕之服以衣 之嘗作詩云夫子何爲

者捿捿一代中地鄰鄒氏宅住近魯王宫嘆鳳注
時否傷麟怨道窮今看兩楹奠當與夢相同
宣宗大中五年國子祭酒馮審奏 文宣王廟始一人
宗立之睿宗書額武后竊政之日 題大周二字請
削去從之
宣宗置右宫城承慶門其内曰承慶殿百福殿之西
有内 孔子廟
宋 太祖建隆三年詔 文宣王廟宜准儀制令立
戟一十六枝撰 宣聖賛曰王澤下衰文武將墜
尼父挺生河海標異祖述唐舜有德無位哲人其
萎鳳鳥不至

四年四月駕幸　文宣王廟閲土木之功

太宗太平興國八年御便殿顧謂近侍曰朕嗣位以來咸秩無文遍修群祀惟魯之　夫子廟堂未加營葺闕孰甚焉乃詔大將作恢敞儒宫命内侍高品殿直各一人内品二人監督工役告成以紀其事

大中祥符元年十一月遣吏部尚書張齊賢以太牢祭　文宣王及十哲七十二賢鄒邑孔大夫

宣尼　母顔氏諸從祀先儒又賜御製贊若夫

撿玉尼山回輿闕里緬懷于　先聖躬謁于嚴祠

以爲易俗化民既御師于彜訓宗儒重道宜益

峻於徽章增薦崇名聿陳祁思形容於聖德爰
刻鏤於斯文賛曰立言不朽垂教無疆昭然令德
偉哉素王人倫之表帝道之綱厥功實懋其用允
臧外中既畢茂典載揚洪名有赫懿範彌彰命御
書院模勒刻石及賜兖州曲阜縣廟九經書疏釋
文三史各一部令本州選儒生講說又賜太宗御
製書百五十卷及銀器八百兩仍以經傳賜兖州
二年遣入內內侍省殿頭張文質賫勑太宗皇帝御
製書百五十七軸并內降金鍍器物九經三史及
疏釋文及昨赴 文宣王廟祭祀器物金鍍銀香
爐香盒并香藥緋羅銷金帕黃複等其賜書仍令

本州選儒生講說
二年賜曲阜縣廟桓圭一從上公之制冕九旒服九
章
三年六月入內供奉官周懷政等言曲阜縣廟碑并
石壁磨礲就望以御製贊并羣臣所撰贊刻
於壁從之
真宗天禧二年五月敕委本州於本城內選差兵士
四十人貟寮一名於本廟巡宿守把防護官物并
委轉運司於轄下州軍有衣甲器械處約度合
消分數支與本廟
五年命轉運司支破官錢差撥兵士工匠修完本廟

及於 夫子之後選差朝官一人監督工役是時
傅大父中憲方任太常博士被選因乞封禪行闕
餘材皆椽樟楩梓之屬自是殿宇益加洪麗
仁宗初即位首崇儒術車駕幸國子監奠謁 先聖
退閱七十二賢贊觀東序及禮器
慶曆八年四十五代孫彥輔爲曲阜宰被旨監修
祖廟奉安 齊國公像尚循舊衣鄉服乞正公命
九章之服 魯國太夫人與 齊國公同殿乞遷
於後殿奉安累賜三聖御製九經三史而無諸
般書籍乞賜全監書並從之仍命弟子以下禮數
未備並依禮圖改正以稱崇儒之意

嘉祐六年賜御飛白書殿榜并金字篆廟牌至廟日設祭奉安仍賜御製祭文曰維嘉祐六年歲次辛丑三月甲申朔十九日壬寅皇帝御名謹遣兖州通判田洵敢昭薦於　至聖文宣王惟王淵聖難明誠明易稟敷厥雅道大闡斯文生民以來至德莫二教行萬世儀比一王闕里之居祠宇惟煥遐瞻墻仞邈御門扉舊于飛染之蹤新茲標榜之制命工庀事推策涓辰敢議形容蓋申崇奉仰惟降格遥興鑒觀尚饗帝初爲牌巾櫛而書其尊崇聖道如此是時傳先公文清先生守鄉邑因進詩百韻稱謝轉運使秘閣校理張師中亦

進寶奎耀文歌降詔奬諭

神宗元豐元年十月詔兖州常以省錢修葺　宣聖祠廟先是州縣憚於申請廟久不修榱棟傾落人不堪憂至是始獲完葺祠宇一新以省錢修遂爲定制

五年十一月賜度牒三十本給兖州修　先聖廟及於本路差雜役兵士工匠運司奏四十七代孫沂州新太縣令若升監修

七年五月詔自今春秋釋奠以鄒國公孟子配食文宣王設位於兖國公之次荀况楊雄韓愈以世次從祀於二十一賢之閒並封伯爵

准元祐元年十月十五日勑中散大夫鴻臚卿孔宗翰奏今有管見雖干臣本家之事上繫朝廷典禮開陳如後

一臣伏見先臣　孔子之後世襲封爵一人自西漢以來有褒成侯之國魏晉以降又有奉　聖崇聖恭聖之號其名不一皆有實封或以百縑奉祀聖朝祖宗以來益加崇奉眞宗東封禮畢親謁儒廟眷遇隆厚恩禮備至貴道之美冠映古今然名有未立必待聖朝而正之蓋襲封號爵本爲侍祠今乃兼領他官不在故郡且承襲之人皆取嫡長父死子封不必有德朝廷既許居外何能更戀

祖堂以至於法度不修庭宇頹弊恬不爲怪魯人傷之欲乞特下有司講求古今典禮議其所宜今後不使襲封之人兼領他職乃乞別立請俸終身使在鄉里如此則知其不可輕去必能嚴潔祭祀敦睦親族上以裨聖朝風化之美下以爲衰宗家世之幸

又臣寮上言切以魯中　孔子廟貌國家之所常敬然而錫田之數不足以賙族人襲封雖存未免事奔走甚非所以尊崇之意也方朝廷日新盛德推獎名教御惟　先聖宜極尊崇伏望聖慈明詔有司講求典禮增錫土田之數別異世襲之人使天

下四方知朝廷尊崇之意而於聖化豈小補哉伏候敕旨奉旨令禮部太常寺同共詳定聞奏付禮部施行本部看詳前代典故自漢魏以來莫不封孔子之後優賜田邑然未嘗明立制度故承祀之禮有時而盛衰國家褒崇 先聖日益隆厚豈其宗嘗賜經史於其家使兗州擇儒生講授有以見祀宗尊奉 聖祀度越前代今衆官參議合依所請釐定典禮命官以司其用度立學以訓其子孫則朝廷崇儒貴道之本厚矣伏候敕旨

一合襲封人與除已有料錢寄祿官如已係幕職州縣官即與改合入官專以奉 先聖祠事爲職添支供給隨本資考每

三年理爲一任用本路及本州按察官薦舉依吏
部格闕陞資任如朝廷非次擢用許依舊帶公爵
出令以次合襲封人權主祀事
一添賜田一百大頃使其家依鄉原例自召人戶耕
種更不用職田制攥之法
一依舊法添差廟戶五十人看林戶五人並依役人
法
一差剩負每一番十人充衍　聖公白直
一賜田所入除供祭祀外修立則例置籍出納均贍
族人仍委本縣官一員與衍　聖公同簽書管勾
一賜監書一本置教授官一員於舉到學官人內差

或委本路監司保舉有行義人充令教諭本家子
弟內舉人依本州學生例與供給如鄰近鄉人願
從學聽
一行　聖公每遇親祠大禮及冬正朝會許赴闕陪
位
一改衍　聖公爲奉　聖公仍刪定家祭冕服制度
頒降俾遵奉施行
一白身合襲封奉　聖公者與除承奉郎
三省同奉旨並依所奏施行勑如右牒到奉行
崇寧二年五月朔四十七代嗣孫奉議
郎專主奉　先聖祠事襲封奉

聖公若虛謹續錄

叔祖父昔年編此旣成欲鏤板藏於 祖庭值建炎之事廟宇與書籍俱爲灰燼後二十餘年或見於士大夫家皆無完本甚可惜壞宣和間嘗預撿討輒因公暇考諸傳記證以舊聞重加編次僅成完書比之舊本又取其事繫於 先聖而非祖庭者及以聖朝皆纂集而附益之遂鏤板流傳非特成叔祖父之志將使歷代尊師重道優異之典昭昭可見不其韙歟正隆元年丙子歲五月甲午初一日辛丑朔四十九代孫瓌謹識已上云[illegible]係舊文相續

哲宗紹聖三年勑轉運司支係省錢三千貫修完
本廟奏委四十七代孫宣德郎襲封奉　聖公若
蒙監修
崇寧四年八月詔太常寺考正　文宣王廟像冠服
制度用王冕十二旒衮服九章畫圖鏤板印賜仍
頒降天下州縣學咸使依圖改正歷代以　先聖
與門人同服衮冕至是始服王者之服從國子司
業蔣靖之請也
大觀元年十二月詔立賞錢十貫禁採折林木　許人
告捉
四年閏八月詔兖州改定瑕縣龔丘縣舊瑕丘縣龔丘縣犯孔子名故改焉

政和元年奉旨　至聖文宣王改執鎮圭其廟舊立
十六戟今立二十四戟又曾參等所封侯爵與
宣聖名同甚失弟子尊師之禮改封者八人又旨
孔子弟子河內公等賛文并所封名犯　宣聖名
處並行改撰及改封又令運司於係省錢內應副
修完本廟及於本路諸州軍差雜役兵士工匠和
雇百姓修造委四十八代孫承奉郎襲封衍
聖公端友監修
四年命後苑作製造御前生活所造牌御書曰大成
殿頒降本廟從四十七代孫文林郎舒州司戶曹
事若谷之請也又太學辟雍　先聖殿皆御書又

襲封衍　聖公奏朝廷稽考三代制禮作樂乞頒
降大樂許内外族人及縣學生咸使隷習并乞降
禮器以備釋奠及家祭使用至六年五月差四十
七代孫宣教郎若谷押賜堂上正聲大樂一副禮
器一副
宣和四年詔修太學　宣聖殿賜御製書賛云太學
敎養多士嚴奉　先聖殿室滋圮作而新之命駕
奠謁系之以賛曰厥初生民自天有造百世之師
立人之道有彝有倫垂世立教爰集大成千古允
蹈乃罬嚴斯所乃瞻斯宫瞻彼德容云孰不崇命刻
石於太學昭示無窮

金

天會五年

睿宗為右副元帥駐燕京雖戎馬未息首建 太學

脩國子監

七年大軍入山東兗州堅壁而守是時

睿宗為都元帥次城下諭以禍福戒軍士以

夫子所生之地不得剽奪十八日撫定退師十九

日命曲阜知縣衡雄與縣吏等引詣 宣聖廟既

至廟庭以建炎群寇之火皆為灰燼而殿火猶未

息

元帥乃登杏壇望殿火奠拜訖詣 聖林時有軍

人發掘二代泗水侯墓方深六尺餘又伐破四十
六代孫宋刑部侍郎墓
元帥親見遽命執縛乃奠拜　先聖陵下周覽
久之以伐墓十二人隨行至廟南十餘里盡殺之
熙宗皇統二年禁宮私占　先聖廟者載於制
條爲不刊之典又勑行臺支撥錢一萬四千餘貫
修　宣聖殿仍委四十九代孫曲阜縣主簿瓌監
督工役皆從襲封端稟之請也
四年行省支降錢一萬四千五百貫筏南京八作司
見材修完本廟掤蓋大成殿至正隆二年以羨錢
修兩廊及　齊國公殿

天德初定禮儀凡職官到任謁廟先詣　宣聖廟奠
拜訖方許詣以次神廟於是著之甲令
正隆五年二月一日都省批隨處　宣聖廟宇多有
損壞官司不用心提點修完致有如此委隨路轉
運司佐貳或幕官一員專一管句遇有損壞即便
撿修
世宗大定十四年正月十六日國子監起請
孔子廟大成殿　聖像冠十二旒服十二章兗國
公像冠九旒服九章撿到唐郊祀録開元二十七
年八月詔追謚　孔子爲　文宣王仍内出王者
衮冕之服以衣之按周禮王者之服衮冕十有二

旒其服十有二章諸公之繅斿九就今　文宣王冠服已依典故其兗國公鄒國公一體粧塑九章服擬遷鄒國公像於　宣聖之右與兗國公相對准上冠服粧塑宋崇寧四年賜　孔子冠服冠十二旒服九章故金所賜章數於禮為備

十八年以皇統修廟羨錢付本廟修　鄆國夫人殿

是年給降襲封衍　聖公印

二十一年召襲封衍　聖公摠赴闕奉勑旨特授曲阜縣令

二十二年十二月十三日奏立　宣聖廟碑

章宗明昌元年三月奉
特旨比聞曲阜縣　孔聖廟興蓋多年門廡位次
阨陋損壞差彼處官提控修補所用錢於　東嶽
香錢内支如已後更有損壞委本縣逐旋申部支
錢修補續奉
特旨　夫子廟以係省錢修蓋又降到錢八萬三
千貫有奇修建樓殿廊廡等四百餘間仍設廟學
教授六月十三日有司以
特旨修蓋　宣聖廟宇令本廟具隨代支給地土
增損數目本廟言舊有賜田二百大頃因值兵火
除見在外不知下落四十八大頃八十六畝已申

上司後承戶部符於徐州豐縣區村張村新村潘村李村慕義六處貼撥數足計准令時官畝一百二十三頃二畝一分五厘七毫泰和六年五月二十四日給到按察轉運司憑驗所得物並入祭祀庫行　聖公掌其出納

是年七月尚書省令置下馬牌於廟門首

四年歲次癸丑十一月十有一日四十九代孫省差權襲封管句祀事璟　謹續録

是年提刑司降到尚書禮部符該奏行條理鄆文刺史州已上無　宣聖廟處許依

自來捌行起蓋舊有廟處若有損壞亦許修完今
緣隨處廟學官司多不為意以致傾壞兼照得明
昌三年七月再定
奏行提刑司條理内該
委提刑司勉勵學校宣明教化若廟宇傾頹學舍
獘壞即生員何以勉勵恐無以
上副興崇學校之意行下各路運司照驗依應施
行如廟學有損壞去處支贍學錢修完如不足或
全闕據合用錢數疾速行移本運司關支省錢應
副修完無得疏駁
五年修廟功畢羨錢一萬四千有奇申乞回納奉

特旨別置事產爲巳久添修之用置到地六十大
頃房屋四百餘間俱隸曲阜悉蠲稅力所收入縣
倉庫衍聖公與縣次官同掌出納
是年修廟功畢兖州節判張穀以尼山　先聖所生
之地廟宇頹毀幾盡遂聞于
上於是出羨錢四千有奇以曲阜簿劉熚奉符丞
郭仲容奉符令劉格監修踰年告成惟正殿雖加
修葺而舊制卑陋有所未稱崇慶元年孟春亦新
作之工畢於貞祐元年之季秋其錢稱巳費之數
六年敕翰林學士党懷英撰修廟碑文及書丹篆額文見碑門

是年有司講定儀禮撿舉唐開元禮褒 聖侯位於
文宣三品之下禮閣新編元祐間襲封奉 聖公
開寶禮在寺監長官之下別作一班今儀亦列於
寺監長官之下
七年十一月承省部符廟學生移籍太學同品子例
承安元年十二月一日降襲封四品印記
五年正月奉
特旨襲封衍 聖公兼世襲曲阜縣令五年内祀
事不闕縣事修舉特轉官一階
泰和元年二月十日有司以 先聖廟東南泮宮地
六十四畝一分二厘以充釋奠之費

是年十一月二十四日行山東路尚書六部申明條格云襲封衍　聖公止合管勾祭祀兼縣事自餘軍儲等務皆次官掌之

大安元年十月八日兖州下曲阜縣襲封衍　聖公明有　條理管勾祀事兼縣事外不得別行差占亦不合巡捕螟蝗若已後但有擶從差遣有妨祀事遂旋申覆

宣宗興定四年十一月十七日京師完中城遷立宣聖廟尚書省委襲封衍　聖公以董其役役未幾告成廟宇廊廡講堂學舍煥然一新導蔡水以圜其廟取辟水之制云

元光二年襲封衍　聖公元措時任同知集賢院事

申請詳定侍　朝班次禮官議依前代典故當視

襲封衍　聖公四品職班寺監長官之下

孔氏祖庭廣記卷第三

祖庭廣記

角

三

孔氏祖庭廣記卷第四

林廟親祠

前漢高祖十二年十一月自淮南還過魯以太牢祠

孔子諸侯卿相至則先謁然後從政

後漢明帝永平十五年三月幸　孔子宅祠　孔子及七十二弟子作六代樂帝親御講堂命皇太子

諸王說經

孝章皇帝元和二年二月東巡守幸魯以太牢祠孔

子

安帝延光三年三月戊戌祀　孔子及七十二弟子

於闕里

魏高祖孝文皇帝太和十九年夏四月庚申幸魯城親祀　孔子廟命兗州爲　孔子起園栢修飾墳壠更建碑銘褒揚　聖德

唐高宗乾封元年封禪還京途經曲阜親幸祠廟追册　先聖爲太師其廟宇制度卑陋宜加修造仍令三品一人以太牢致祭

後周高祖廣順二年親征慕容超至兗州城將破夜半夢一人狀甚魁異被王者服謂高祖曰陛下明日當得城及覺天猶未曉高祖私自喜曰夢兆如此可不務乎因躬督將士戮力攻城至午而城果陷車駕旣入有司請從王方鳴鞘而進因取別巷

轉數曲偶過 夫子廟帝意豁然謂近侍曰寡人所夢殆 夫子乎不然何取路於此因駐蹕外堂瞻禮 聖像一如夢中所見高祖大喜因叩頭再拜近臣或謂天子不當拜異世陪臣高祖曰 夫子聖人也百王取則而又以夢告寡人得非 夫子幽賛所及耶安得不拜因幸闕里復再拜及留所奠酒器銀爐等於廟及幸孔林又拜之及勑兗州修葺祠廟林禁樵採

宋 真宗大中祥符元年十月二十七日勑告報皇帝封禪畢鴐至兗州曲阜縣謁 先聖廟其文宣公伯叔兄弟子姪並許陪位取十一月 日幸闕

阜縣備禮躬謁是日廟内外設黃麾仗帝服鞾袍行酌獻之禮宰臣親王而下文武百官各立班於殿庭孔氏家族並陪位初有司定儀當肅揖帝特再拜以伸崇奉之意百官皆拜又幸叔梁大夫堂命刑部尚書溫仲舒等分奠七十二子先儒帝歛衽北面式瞻睟容仍顧廟制度嘉嘆久之立殿之西次召孔氏子孫撫諭周至復幸孔林以樹木擁道降輿乘馬至　文宣王墓奠拜詔加謚曰玄聖　文宣王祝文進署仍修葺祠宇給近便十户奉塋廟又詔以御香一合并爐及親奠祭器留於廟中翌日又遣吏部尚書張齊賢等以太牢致祭

賜其家錢三十萬帛三百匹孔氏子孫賜官各有差以四十六世孫同學究出身及許造酒以奉祭祀 大中祥符二年八月詔車駕幸曲阜縣謁文宣王廟日扈從臣僚並於廟内立石刻名

學廟親祠 皇太子附

東晉元帝太興二年皇太子講論語通釋奠於 先聖

成帝咸康元年二月甲子親釋奠

穆帝升平元年帝講孝經通釋奠如故事權以中堂

為太學
孝武帝寧康三年十二月癸巳帝釋奠於中堂以顏
子配
前秦苻堅行禮於辟雍祀　先師孔子其太子及公
侯卿大夫之元子皆束脩釋奠焉
宋世祖孝武皇帝孝建元年冬十月戊寅詔開建
仲尼廟同諸侯之禮詳擇爽塏厚給祭秩
後魏太祖天興四年二月命樂師入學習儛釋奠於
先聖先師
世祖大武皇帝始光三年二月起太學于城東祀
先聖以顏子配又太平真君十一年車駕南伐至

鄒山以太牢祀　先聖
孝明帝正光二年二月幸國子學講孝經三月幸國
子學祠　孔子以顏子配
後周宣帝大象二年二月丁巳帝幸露門學行釋奠
之禮
二年三月丁亥詔曰見詔門類文　可追封　孔子爲鄒國
公別於京師置廟以時祭享
陳宣帝太建三年秋八月辛丑皇太子親釋奠於太
學祭酒以下賚帛各有差
陳後主至德三年十一月辛丑釋奠於　先師禮畢
設金石之樂會宴王公卿士

唐高祖武德三年六月一日詔令有司於國子學立
孔子廟一所四時致祭
七年二月十七日幸國子學親臨釋奠
太宗貞觀十四年二月十日釋奠於國子學詔祭酒
孔頴達講孝經畢上釋奠頌有詔襃美
二十年二月詔皇太子於國學釋奠於 先聖先師
皇太子爲初獻國子祭酒張復胤爲亞獻光州刺
史攝司業趙弘智爲終獻既而就講弘智談孝經
忠臣孝子之義右庶子許敬宗上四言詩以美其
事
玄宗開元二十八年二月五日勑 文宣王廟春秋

釋奠宜令三公行禮著之常式二十日國子祭酒
劉瑗奏准故事釋奠之日羣官道俗皆合赴監觀
禮請依故事著之常式制可
高宗總章元年二月二十九日皇太子弘釋奠於太
學
永隆二年二月丙午皇太子親行釋奠禮
開曜元年二月十九日皇太子釋奠於國學
中宗景隆二年七月皇太子親釋奠於國學
睿宗太極元年二月二十八日皇太子親釋奠開講
筵
宋太宗端拱元年八月庚辰車駕幸國子學謁

文宣王禮畢外輦將出西門顧坐講左右博士李
覺方聚徒講書上即召覺令對御講曰陛下六飛
在御臣何敢輒陞高坐上因降輦命有司張帝幕
設別坐詔覺講周易之泰卦從臣皆列坐覺乃述
天地感通君臣相應之旨上甚悅賜帛百疋
淳化元年十一月幸國子監奠謁　先聖
真宗咸平二年七月幸國學奠謁　宣聖
大中祥符七年五月王旦言請用先天節禮畢詣
至聖文宣王廟行禮望下禮官參酌儀制
仁宗慶曆四年五月幸國子學謁　先聖特再拜
天聖二年八月己卯幸國子監謁　至聖文宣王其

後再幸有司言舊儀肅揖而特再拜
哲宗元祐元年幸國子監詔至聖文宣王行釋奠禮
一獻再拜
宣和四年三月二日車駕幸太學奠謁
金
熙宗皇統元年二月戊午日
帝謁 文宣王廟奠祭北面再拜謂儒臣曰為善
不可不勉 孔子雖無位以其道可尊使萬世髙
仰如此
章宗 明昌四年八月丙午 諭旨宣徽院曰明
日親釋奠有司擬肅揖朕以 宣聖萬世帝王之

師恐汝等未諭可備拜稱朕將拜焉

丁未 上詣 文宣王廟行釋奠之禮北面再拜親王百僚及六學生員陪拜詔從祀官分奠七十二弟子

初議定

上親奠謂不宜用牲牢既而禮官云籩豆脯醢之數既係中祀若止用二籩二豆似太踈簡禮體未稱擬全用十籩十豆於是備數

孔氏祖庭廣記卷第四

孔氏祖庭廣記卷第五

歷代崇重

前漢元帝初元中下詔太師褒成君霸以所食邑八百户祀　先聖

後漢光武建武五年破董憲還幸魯使大司空祀　先聖

桓帝元嘉三年二月司徒吴雄等奏請　孔子廟置百户卒史一人掌領禮器春秋饗禮出王家錢給大酒直河南尹給牛羊豕各一大司農給米太常丞監祠詔可其請

魏志齊王傳正始二年帝初通論語五年講禮記通

各使太常以太牢祀　先聖於辟雍以顏子配
西晉武帝泰始三年詔太學及魯國四時備三牲以
祀　先聖
東晉明帝太寧三年詔給奉　聖侯孔嶷四時祀
孔子如泰始故事
南齊明帝永泰元年詔增　仲尼祭秩
後魏顯祖皇興二年以青徐既平遣中書令兼太常
高允以太牢祀　先聖
後魏時有懷州廟學碑碑額刻太上皇巡狩祭
宣　聖文碑中述
皇　聖廻車事迹云是孔安國立祠其處按廻車事

傳記不載獨此碑見之碑中記魏賜田於此州以
養孔氏子孫比曲阜林廟又載孔氏子孫名字
碑石頑礦歲久頗缺落宣政間一刺史移此文於石
今在州西北二十里夫子陂廟基上陂即賜田處
也意謂太上皇巡狩郡國時必以河内如曲阜有孔
氏子孫有賜田故祭其廟歟不然何此文不見
於他郡而獨此州刻之也姑記其略
北齊文宣帝天保元年六月令魯郡以時修葺
先聖廟宇又遣使致祭
唐太宗貞觀十一年七月二十四日修
宣尼廟於

兗州給戶二十充享祀焉
高宗乾封元年十二月上遣司稼正卿扶餘隆以太
牢之奠致祭於 先聖
中宗神龍元年以鄒魯百戶爲隆道公采邑以奉歲
祀又以三十四世孫崇基取鄒魯之邑百戶收其
租稅用爲享薦
玄宗開元七年皇太子齒胄子學謁 先聖詔右散
騎常侍褚無量講孝經禮記文王世子篇
十三年封禪回幸 孔子宅遣使以太牢祭其墓令
天下州縣立廟因 廣大本廟
二十六年詔諸道鄉貢舉人見訖就國子監謁

先聖先師遂爲常禮
二十七年封　文宣王遣三公持節冊命令撰儀注緣昔周公南面夫子西面今位旣有殊坐豈宜仍舊補其墜典永作常式自今已後夫子南面而坐内出王者衮冕以衣之二京之祭牲太牢樂宮縣舞八佾州縣之祭牲少牢而無樂
二十八年詔春秋二仲上丁以三公攝事辭稱皇帝謹遣
肅宗上元元年以歲旱罷中祀小祀而　文宣王然爲中祀至仲秋猶祀之於太學
代宗永泰二年八月修國子學祠堂成釋奠命宰相

及常參官六軍將軍就觀焉
德宗正元二年二月釋奠自宰臣以下畢集於國學
正元閒每年春秋釋奠祝版御署訖北面而揖
宣宗大中元年有事于南郊　文宣王後與一子官
復封百縑充春秋享奠
遼太祖神冊三年戊寅五月建　孔子廟佛寺道
觀四年八月　帝謁　孔子廟命皇后太子分
謁寺觀
宋太祖建隆元年正月幸國子監二月又幸詔加
修飾祠宇乃塑繪　先聖先師先儒之像親撰
先聖賛有司請攺樂章賫徽上十二樂曲祭

文宣王用永安之曲

景德四年四月甲戌户部員外郎直集賢院判太常禮院李維言天下祭社稷釋奠長吏多不親行事及闕三獻之禮甚非爲民祈福尊師設教之意也望令禮官申明舊典詔付有司且言按五禮精義州縣春秋二仲月上丁釋奠並刺史縣令爲初獻上佐縣丞爲亞獻州博士縣簿尉爲終獻若有故以次官通攝又云祭社稷與釋奠同牲用少牢致齋三日今請悉如故事詔從之

真宗大中祥符元年五月勑每日破乳香一分付本廟於 先聖殿上焚燒

是年十一月一日幸曲阜備禮躬謁又幸　叔梁大
夫堂又加謚　先聖爲玄聖文宣王祝文特進名
幷詔修飾祠廟其廟内制度未合典禮因玆改正
又詔廟内常用祭器或壞可盡易之仍差官以太
牢致祭其文曰維大中祥符元年歲次戊申十一
月戊午朔四日辛酉崇文廣武聖明仁孝皇帝御名
謹遣推誠保德功臣光祿大夫吏部尚書上柱國
清河郡開國公食邑五千戶食實封一千八百戶
張齊賢致祭于　玄聖文宣王朕以有事岱宗畢
告成之盛禮緬懷誕里欽設教之素風躬與謁於
嚴祠特褒崇于懿號仍令舊相載達精誠昭薦吉

蠲用遵典禮以兗國公顏子等配尚饗　玄聖文宣王廟禮料
並從官給
三年二月詔開封府諸縣祭
是年六月丙辰頒諸州釋奠儀注并祭器圖
大觀六年五月差四十七代孫宣教郎若谷押賜堂
上正聲大樂一副禮器一副其名數則罍一洗一
勺全帨巾二篚全壺尊二龍勺冪各全血盤一象
尊犧尊簠并蓋簋并蓋登瓦并蓋箱篚並竹各二鉶
鼎三并蓋柶三籩十冪全豆十蓋全胙案八爵三
坫全此禮器也柷一椎全敔一籈全編鍾編磬各
一架柎簴崇牙流酥等各全搏拊鼓篪塤笛簫巢

笙和笙一絃琴三絃琴五絃琴七絃琴九絃琴瑟各二此大樂也是時及祭告之日甘露降于殿庭簷牙欄楯松檜花木遍滿上下凝結如珠精瑩射日累日不晞即具祥異申奏

政和間賜祭服四時遇仲月吉日祭　先聖則行

聖公前期排辦祭料名物視州縣釋奠之數祭之前一日族中長幼應預祭者各致齋其日五更請從上尊長二人與行　聖公為三獻各服其服行禮別請近上族人分奠十哲七十二賢二十六先儒文中子凡執事作樂之人皆陪位禮畢焚幣三獻官易常服遲明家長以下皆詣　齊國公　魯

國夫人　鄆國夫人　泗水侯　沂水侯殿各具
蔬果常羞酌獻三奠訖徹樂
天下節鎮州縣學皆賜堂上樂一副正聲樂曲丁
二章春秋上丁釋奠於　先聖則學生登歌作樂

金

世宗　大定十四年正月六日禮官議國子監春
秋仲月上丁日釋奠於　文宣王依唐開元禮合
用祭器　文宣王兗國公鄒國公每位籩豆各十
犧尊一象尊簠簋各二俎二祝板各一皆設案七
十二賢二十一先儒每位各籩一豆一爵一兩廡
各設象尊二捴用籩豆各一百二十三簠簋各六

俎六犧尊三象尊七爵九十四尊皆有坫罍二洗
二篚勺各二冪六正位并從祀籍尊罍俎豆等席
三十領（尊席用葦俎豆席用莞）每祭用羊三豕三酒二十瓶
及用登歌雅樂曲迎神三奏（送神同）沽洗宮初獻
盥洗沽洗宮初獻外殿（降殿同其曲與盥洗同）南呂宮奠幣
沽洗宮正配位酌獻與亞終獻通用沽洗宮樂工
三十九人並於大樂署借用獻官祭酒司業博士
克時或以禮部太常寺國子監官攝
大定二十三年二月國學成祀　先聖於國子監之
廟以尚書右丞張汝弼攝太尉行事稱
上謹遣直學士呂忠翰攝祭酒克亞獻官待　制

任偶攝司業充終獻官

章宗明昌二年五月二十一日有司言典禮所載州郡通祀　宣聖廟令隨州府雖亦循例於春秋仲月釋奠然別無官破錢物其所用牲幣酒醋等往往滅裂乞除刺郡已上無　宣聖廟處自來已許勑行起蓋其春秋釋奠無贍學公用錢處並官爲應副

是年六月以國學釋奠祭器名數須下曲阜廟從兖州節度副使高鎮之請也

三年四月尚書省　奏定國學釋奠依典故三獻官以祭酒司業博士充祝辭稱　上謹遣配位祝文稱爵

號皇帝遺登歌用太常樂工其獻官并執事預享者並
法服陪位學官公服學生儒服
五年六月初四日禮官議曲阜縣　夫子廟修蓋已
畢自來祭享行三獻之禮其獻官衍　聖公止用
公服親族二人各止儒服及別無音樂即目國學
釋奠依古禮用法服及登歌雅樂　宋政和間曾
賜本廟三獻官祭服及登歌之樂令族人及學生
閱習　方今尊崇　聖道度越前昔其襲封衍
聖公特授中議大夫爵視四品更新廟貌所費鉅
萬而三獻止用常服及無雅樂恐未相稱緣係
朝廷尊師重道　特恩異禮合取　勑裁下議有

司
永年四月八日　勑有司賜衍　聖公以下三獻法
服亞終獻以本族最長人克仍給登歌樂一部計
二籥一箎一笛一塤一巢笙二和笙二簫一編鍾
一編磬一一絃琴一三絃琴一五絃琴一七絃琴
一九絃琴一瑟一柷一敔一搏拊一麾幡一迎
神沽洗宮來寧之曲其詞云有功者祀德厚流光
猗歟將聖三綱五常百代之師久而愈芳靈宮對
越神其鑒饗盥洗沽洗宮淨寧之曲楚楚祀儀昕
徵質綴爰清其持斞玄技悅非持之清精誠足況
神之來思式欽嘉齋降外南呂宮肅寧之曲衣冠

陳

襲封玄王之宗春秋陳祀玄王之宮清洙或泗東
山或亶此封此祀承承無窮奠幣沽洗宮溥寧之
曲御惟聖猷宏賜尊顯宿燎設懸展誠致奠旅[illegible]
申申於粲洗腆崇報孔明不墜敬典酌獻　先聖
沽洗宮德寧之曲巍巍堂堂道德孰儷屈於一時
信辭於萬世王號尊崇公封相繼洧辰之良絜嚴
以祭酌獻兗國公宮調同前好學潛心簞瓢樂内
具體而微人進我退洙泗之鄉神之所在其從聖
師廟食作配酌獻鄒國公宮調同前醇乎其醇濅
入聖域祖述唐虞力排楊墨思濟斯民果行其德
祀爲上公兹宜配食亞終獻酌獻宮調同前法施

於人修經式誨如明開盲如聲破聵捿遲襄周光
華昭代儼然南面門人列配送　神沽洗宮歸寧
之曲籩豆威儀孔將孔惠三獻備成四方所視神
保是饗永光闕里神之聿歸貽厥孫子仍遣太常
樂工教孔氏子弟各執其藝以備祭祀
是年八月二十七日命兗州節度使孫即康行一獻
之禮策祝告成其文曰　國家禮重儒術道尊
聖師闕里廟貌于以新之雅樂具舉法服彰施庶
幾鑒格永集繁禧初有司　奏定二十三年修
國子監　宣聖廟畢命右丞張汝弼祭奠今乞差
本處長官致祭依釋奠禮其祝板告以修崇廟宇

頒降法服雅樂之意 從之至是行禮

是年有司 奏定行 聖公初獻法服依四品用六梁冠亞獻終獻七品用三梁冠登歌用二十五人將太常寺附餘鍾磬笙竽等修整降下令本廟親族子弟及學生等閱習

明昌閒 朝廷刋定 釋奠 先聖禮冊頒降州郡

元光初 京師 先聖廟成復粧飾 先聖十哲塑像其賢像欲圖之於壁慮久而易壞 朝廷特命以素縑繪之而各成以軸遇祭懸展

正大二年 詔改開封府學爲 太學增置儒生奏定釋奠 先聖三獻以祭酒司業博士充祝辭

稱上　謹遣登歌用太常寺樂工獻官及監祭
監禮並法服執事陪位官公服學生儒服次年行
禮始復舊制禮樂器備
大蒙古朝
皇帝聖旨節文據襲封孔元措
奏告燕京南京等處尚有太常禮樂官及工人
等乞行拘刷事住奏若有前項人等并家屬用鋪
頭口起移赴東平府地分住坐分付孔元措收管
令本路課稅所量給口粮養濟就於本廟閱習
聽候
朝廷不測用度并自來有底禮冊詞章樂器鍾

磬等物盡行拘刷見數申 奏
一各處若有未見人數逐旋拘刷
扎魯火赤也可那演胡都虎斡魯不衆扎魯火赤
那演言語據襲封衍 聖公孔元措來申
宣聖子孫歷代並免賦役見有一十五家歷代
舊有地土六百頃免賦役供給祭祀又看林廟户
舊設百户見有十户不搆洒掃等事如文字到
日仰孔元措依舊襲封衍 聖公主奉
先聖祀事仍提領修完
祖廟據孔氏子孫一十五家 亞聖顏子後八家
鄒國公後二家廟户依舊百户計一百二十五户奉

上絲線顔色稅碩軍役大小差發並行蠲免上項戸計
盡行豁除不屬州縣所管
諸路曆日銀一半修
宣聖廟益都東平兩路盡數分付襲封孔元措修完
曲阜　本廟
宣差東平路萬戸嚴實課稅所長官張瑜申稟
朝省　丞相領省耶律楚才重道出于特意
古燕義士蕭元素與
朝廷斷事官　丞相耶律田山爲師友獨蕭公親詣
以爲先容具道其所以然儒教由此復興

孔氏祖庭廣記卷第五

孔氏祖庭廣記卷第六

族孫

滕字子襄鮒之弟也長九尺六寸漢高祖十二年征黥布還過魯封爲奉祠君亦嘗爲孝惠帝博士終於長沙王太傅

襄鮒第子也爲孝惠帝博士至長沙太傅生忠忠生武及安國延年

成鮒子彥之子歷位九卿武帝時遷御史大夫辭曰臣世以經學爲本傳世承家法今俗儒繁說遠本雜以妖妄難可以訓房第侍中安國受詔纘集古義臣乞爲太常典臣家業與安國編摩古訓使永

陳

垂來嗣帝重違其意遂拜大常其禮物如三公焉在位數年著書十篇爲賦二十四篇而卒又作書與弟及戒子皆有義焉

安國十一世孫也治尚書爲武帝博士魯共王壞孔子舊宅壁中得古文虞夏商周之書及傳論語孝經悉還孔氏故安國承制作書傳又作古文孝經傳亦作論語訓解至臨淮太守安國生卬卬生驩吉成帝詔世爲殷紹嘉公子何齊哀帝以殷紹嘉公爲宋公

光字子夏十四世孫霸之少子年未二十舉爲議郎舉方正爲諫大夫成帝初即位舉爲博士奉使稱旨上信任之轉僕射尚書令綏和中拜丞相受博

山侯印綬哀帝即位益封光千户平帝立徙光爲

帝太傅明年徙爲太師歸老于第光年七十元始

五年薨太后使九卿策贈以太師博山侯印綬謚

曰簡烈侯子放嗣博山侯

子建信之曾祖父也少遊長安與崔篆友善及篆仕

王莽爲建新大尹嘗勸子建仕對曰吾有布衣之

心子有袞冕之志各從所好請以此辭歸終於家

安光武建武十三年以殷紹嘉公爲宋公

信字仲和章帝初拜蘭臺令史元和二年春帝祠

孔子及七十二弟子作六代之樂大會孔氏男子

二十以上者六十三人命儒者講論信因自陳謝

帝曰今日之會寧於卿宗有光榮乎對曰臣聞明
王聖主莫不尊師貴道今陛下親屈萬乘辱臨敝
里此乃崇禮先師增輝聖德至於光榮非所敢承
帝大笑曰非　聖者子孫焉有斯言乎遂拜僖郎
中詔從還京師使校書東觀後拜臨晉令三年卒
二子長彥季彥季彥好章句學詳見漢傳
季彥守其家業門徒數百時人為之語曰魯孔子好
讀經兄弟絃誦略不停學士必欲就聲名不師孔
氏焉能成延光二年河西大雨雹大者如斗安帝
召季彥見於德陽殿問其故對曰此皆陰乘陽之
徵也今貴臣擅權母后黨熾陛下宜修聖德慮此

二者帝默然左右皆惡之季彥聞之曰吾豈容媚
勢臣而欺人君乎年四十九終於家
拱字仲淵後漢順帝陽嘉二年六月由太常爲司空
昱字元世七世祖霸成帝時歷九卿封褒成侯自霸
至昱爵位相係其卿相牧守五十三人列侯七人
昱少習家學大將軍梁冀辟不應太尉舉方正對
策不合乃辭病去後遭黨事禁錮靈帝即位公車
徵拜議郎補洛陽令以師喪弃官卒于家
震字元上十九世孫爲博陵太守終尚書侍中
宙字季將十九世孫仕至太山都尉有碑
謙字德讓一十世孫郡諸曹史

三下九十六陳

融字文舉二十世孫宙之子也河南守賀進辟融舉高第爲侍御史嘗爲北海相立學校表顯儒術薦舉賢良雖一介之善莫不加禮焉獻帝時論者多欲復肉刑融乃建議朝廷善之卒不改焉歲餘復拜太中大夫卒年五十六魏文帝深好融文辭每嘆曰楊班之儔募天下有上融文章者輒賞以金帛所著詩頌碑議論六言策文表檄教令書記凡二十五篇備見漢傳

衍字舒元二十二世孫也少好學年十二能通詩書弱冠公府辟本州舉異行直言皆不就避地江東晉元帝引爲安東參軍專掌記室書般積而衍每

以稱職見知中興初與庾亮俱補中書郎明帝之在東宮領太子中庶子於時應事草創衍經學深博又練識舊典朝儀軌制多取焉於時元明二帝並親愛之以太興三年卒于官年五十三凡所撰述百餘萬言子啓廬陵太守（備見晉傳）

惠雲宋文帝元嘉二十八年以爲奉 聖侯

邁宋孝武帝大明二年以爲奉 聖侯邁卒子奉（詡俱反）嗣

靈珍二十八代孫後魏文帝太和十九年改封爲崇 聖侯

長北齊顯祖文宣皇帝天保元年六月辛巳詔改封

崇　聖侯爲恭　聖侯邑一百户以奉祀

英哲陳廢帝光大元年十二月庚寅以兼從事中郎

爲奉　聖侯奉祀

巢父字弱翁三十七世孫賡德中爲左衛兵曹叅軍

累拜湖南觀察使未行會普王爲荊襄副元帥署

行軍司馬俄而德宗狩奉天行在權給事中爲河

中陜華招討使累上破賊方略帝嘉納未幾兼御

史大夫爲魏溥宣慰使卒贈尚書左僕射謚曰忠

詔具禮收葬賜其家粟帛存卹之從子戣戡戢備見唐傳

惟昉三十八代孫唐憲宗元和四年二月以爲兗州

叅軍

幾字君嚴擢進士第鄭滑盧群辟爲判官入爲侍御史累擢諫議大夫條上四事憲宗異其言俄兼太子侍讀改給事中再遷尚書左丞論罷蚶菜即拜嶺南節度使穆宗立以吏部侍郎召改散騎常侍還爲左丞以老自乞後以禮部尚書致仕卒年七十二贈兵部尚書謚曰貞子遵孺温裕温裕天平軍節度使遵孺子緯備見唐傳

戡字君勝進士及第補修武尉以疾歸洛陽未幾李吉甫鎮楊州表置幕府後詔以衛尉丞分司東都自貞元後帥鎮劾奏僚佐不驗輒斥至是給事中呂元膺執不可憲宗遣使諭曰朕非不知戡行用

之矣未幾卒年五十七追贈司勳員外郎子温質
爲太子少保備見唐傳
戩字方舉擢明經書判高等爲校書郎陽翟尉累遷
湖南觀察使召授右散騎常侍京兆令歲旱文宗
憂甚戩躬禱曲江池一夕大澍帝悅詔兼御史大
夫卒贈工部尚書子温業温諒俱進士第備見唐傳
温業字遜志擢進士第大中時爲吏部侍郎求外遷
宰相白敏中顧同列曰吾等可少警孔吏部不樂
居朝矣後爲太子賓客
榮三十八代孫唐武宗會昌二年爲國子監丞襲文
宣公

緯字化文擢進士第累遷尚書左僕射賜號持危啓
運保乂功臣鐵券恕十死兼京畿營田使昭宗進
司空以太學焚殘乃兼國子祭酒完治之加司徒
封魯國公又進兼太保後擢吏部尚書以司空門
下侍郎輔政疾乞歸田里帝動容詔使者遂緯至
堂視事會天子出次石門從至莎城以病還都家
人召醫視緯曰天下方亂何久求生不肯服藥卒
贈太尉子崇弼亦登進士第仕至散騎常侍備見唐傳
憲仁王次子　宋建隆初任尚書工部員外郎河南
轉運使終於開封浚儀知縣
世基太平興國二年賜同本科出身

寃兗州參軍大中祥符元年詔爲安州應城縣主簿
謂大中祥符元年十一月一日詔進士謂同三傳出
身
延祐大中祥符元年十一月二日詔習學究延祐同
學究出身
延魯大中祥符元年十一月一日詔習學究延魯同
學究出身
延齡大中祥符元年十一月一日詔習學究延齡同
學究出身
延渥隰州清化縣令
延之擢進士第殿中丞

昴字自牧仁王次子舉進士第博學有長者之譽大中祥符二年正月以殿中丞知兗州曲阜縣兼檢校 先聖廟賜緋魚袋辭日賜絹及衣月給知通判例東封謁廟求孔氏子孫令主看廟宇昴時通判廣州經度制置使寶元二年九月二十六日以秘書監分司南京管勾兗州仙源縣 文宣王廟事爲尚書工部侍郎致仕歷官五十年仁愛于其民孝友于其家卒年八十九累贈吏部尚書五子長道輔贈太尉次延濟延範皆不仕無子次良輔太子中舍次彥輔國子博士良輔二子長宗壽曹州節度推官次宗質不仕彥輔一子宗穀不仕

道輔字原魯勗之長子祥符五年登進士第嘗爲龍圖閣直學士復召爲中丞道輔直道獨立朝廷尊嚴嘗知諫院上書請章獻明肅太后歸政天子而廷奏樞密使曹利用上御藥羅崇勲罪狀後帝廢后乃極諫黜知兖州及再入爲中丞劾官者馮元士事盡法不徇景祐初以龍圖閣直學士給事中知鄉縣後知鄆州中路得疾卒年五十四葬祖墓西南後詔追郭皇后位號而近臣有爲帝言道輔明肅太后時事者帝亦記其生平所爲贈尚書工部侍郎累贈太尉開府儀同三司二子長舜亮爲中散大夫次宗翰爲朝散大夫知兖州奉祖

祀道輔不好鬼神禨祥事初在寧州道士治眞武像有蛇穿其前數出以近人衆傳以爲神以聞於朝刺史率其屬往拜之蛇果出道輔舉笏擊殺之自州將以下皆大驚曰神蛇尚殺之不可犯也後徂來山石介作擊蛇笏銘云文見卷末碑文

金入仕

端肅字肅之四十八代孫篤志好學不樂進仕翰林侍講党懷英舉端肅閑居鄉里年德俱高雖不習科舉其讀書養道該通古學堪任國子小學教授明昌四年三月十二日

召赴　闕特賜進士及第補將仕郎以年老乞歸

瑭字德純四十九代孫博學才優尤工翰墨常爲廟學正貞祐二年以四舉終場賜同進士第萊州招遠縣主簿

擢字用之五十代孫通貫經術性質純古登大定二十二年進士第待闕萊州掖縣令章宗皇帝以　聖人後特授太學助教俄丁內艱服除補省掾秩滿授右三部司正終於刑部主事

世系別録

樹九代生子聚

聚字子彦十代封蓼侯

臧十一代文帝時爲太常嗣蓼夷侯

琳十二代嗣蓼侯位至諸史
戕十三代關内侯
黄十三代
豫州從事方之曾祖
宣十四代漢宣帝元康四年封長安公
捷十四代列校尉
喜十四代列校尉諸曹
永十五代漢末大司馬封字侯
壽十五代王莽時封合意侯
立十五代
奇字子巽十六代

字侯永之子也
元十六代爲校書郎
尚十六代爲距太守
嘉十七代城門校尉
方字廣平十七代豫州從事
疇字元矩十七代爲陳相
澍字君德十八代魯從事
仁十八代以文學爲議郎遷博士南海太守
旭字延壽十九代中爲相史
訢字定伯十九代魯户曹
誧字仲助十九代爲魯相史

衎字子佑十九代爲魯史

翊十九代舉孝廉拜御史遷樂陽令

豐十九代爲御史兼門下侍郎

又字元儁二十代魏諫大夫

准二十代爲功曹史

竹二十代桓帝時魯都督

介字伯序二十代魯都督

紃二十代靈帝建寧中爲魯掾

物二十一代靈帝建寧中爲魯掾

恂字士信二十一代晉東平将軍衛尉

郁二十一代後漢冀州刺史

演字舒光二十二代中書郎

揚二十二代下傅亭侯

啓二十三代廣陵太守

惔二十四代宋祠部郎中

默之二十六代廣州刺史

景進二十八代魏功曹掾

靈龜二十九代後魏國子博士

白烏二十九代魏興和三年鄉丞

碩三十代治書侍御史

安三十一代北齊青州法曹參軍

穎達字仲達三十二代國子祭酒曲阜憲公本傳不該族屬世系有之故載於此

志玄三十三代國子司業
志幼三十三代禮部郎中
志亮三十三代中書舍人
惠玄三十四代國子司業洪州都督
琮三十四代洪州都督
立言三十五代禮部郎中
慎言三十五代黄州刺史
務本三十五代滄州崇光縣令
如珪三十六代海州司户叅軍贈工部郎中
本父三十七代著作佐郎贈尚書左僕射
惟時三十八代兗州都督叅軍

韍三十八代擢進士第
温質三十九代四門博士
導憲三十九代舉明經
温裕三十九代天平軍節度使
温資三十九代太子少保
温諒三十九代擢進士第
絢字延休四十代晉成帝咸通二年登進士第
綸字司言四十代登第殿中侍御
縂字徽夫四十代晉成帝咸通十四年狀元
絳字受之四十代明經及第
昌嗣字佐化四十代登進士第散騎常侍

照四十代晉成帝咸通十一年登第
昌序字昭舉散騎常侍
昌明字昭儀四十代唐光化二年登第
晃四十四代叅軍
宗簡四十六代太子中舍
宗翰四十六代中散大夫鴻臚卿
舜亮字君亮四十六代登第中散大夫贈特進
旼四十六代仁宗慶曆七年八月丁未賜汝州龍興縣處士粟帛隱居縣之龍山強陽城性孤潔喜讀書里田數百畝遇歲飢分所餘周不足者未嘗計有無聞人之善若出於己動止必依禮法人皆愛慕之見旼于

路輒歛袵以避葬其父廬墓三年卧破棺中日食米一溢壁間生紫芝數十本州以行義聞故有是賜又給復其家盗嘗入畋家發其廪粟畋避之縱其所取嘗逢羸弱者爲盗掠奪其貲畋追盗與語責之以義解金畀之使歸所掠居山未嘗逢毒蛇虎豹或謂之曰子毋夜行此亦可畏畋曰無心則無所畏

若虚字公實四十七代登進士第奉議郎襲封奉　聖公事詳崇奉雜錄

若拙字公智四十七代進士出身金州司理

若棎四十七代迪功郎濟陰簿

愜字宏之四十七代奉直大夫
惇字厚之四十七代朝散大夫
忱字誠之四十七代儒林郎
恂四十七代奉議郎
端朝四十七代太學愽士
傳　四十七代朝散大夫知郴州軍州事
若初字公慎四十七代登第
琰字粹老四十九代中順大夫忻州同知金初從事
　太師梁王麾下以功補官王以　聖人後特授文資
瓌四十九代承事郎行開封府祥符簿
瑀字湯光四十九代承直郎

摭字伯順五十代　廟學録

擥字莘夫五十代　廟學正

元順字存之五十一代　廟學録

孔氏祖庭廣記卷第六

孔氏祖庭廣記卷第七

澤及子孫

後漢光武建武三十二年正月幸魯遣宗室諸劉及孔氏瑕丘丁民上壽受賜皆詣孔氏宅賜酒肉其宿奉高命褒成侯助祭列在東后

明帝永平十五年賜褒成侯損并孔氏男女錢帛

章帝元和二年賜褒成侯及諸孔氏男女帛

孝安帝延光三年幸闕里自魯相令丞尉及孔氏親屬婦女悉會褒成侯以下賜帛各有差

桓帝永壽二年復顏氏 聖舅并官氏 聖妃繇發詳見碑文

魏文帝黃初二年魯郡　孔子廟外廣爲室宇以居學者

後魏文帝太和十九年四月幸魯詔拜孔氏四人顔氏二人爲官選諸孔宗子一人封崇　聖侯邑一百户以奉祀

南齊世祖永明七年詔奉　聖之爵以時繼紹

梁敬帝太平二年詔搜舉魯國之族以爲奉　聖後

後周宣帝大象二年立後承襲

唐太宗貞觀十一年命裒　聖侯祭　先聖皆服玄冕朝會位同三品

高宗乾封元年詔孔氏子孫並免賦役閭門勿事

中宗神龍元年命孔氏子孫世襲褒　聖侯
玄宗開元十三年幸　孔子宅詔每代長子一人承
襲兼賜一子官二十七年命文宣公任兗州長史
代代勿絶
肅宗上元間詔凡大祀其褒　聖侯在朝位於文官
二品之下
憲宗元和十五年詔　文宣王家與一子官
武宗會昌五年有事于南郊　文宣王後與一子出
身
宣宗大中元年有事于南郊　文宣王後與一子官
復封百縑充春秋享奠

僖宗乾符二年有事于南郊　文宣王後與一子官

宋　太宗太平興國二年十月詔免兗州曲阜縣文宣公家租税先是歷代以　聖人之後不預庸調顯德中遣使均田遂抑爲編戸至是孔氏許于州以聞帝特命免之

真宗大中祥符元年十一月賜孔氏銀二百兩帛三百匹俵散諸房田一百頃又詔近屬授官及賜出身者六人

二年春賜文宣公家祭冕服

仁宗即位之初謂輔臣曰　孔子廟自祖先以來皆以子孫世知縣事奉祠祭今乃不然非所以崇儒

術尊　先聖之意其詔自今仙源縣復選孔氏子弟爲之

皇祐三年七月八日詔兖州仙源縣國朝以來世以孔子子孫知縣事使奉承廟祀近歲廢而不行非所以尊　先聖也自今宜復于孔氏子弟中選兖

哲宗元祐元年十月勑白身合襲封人與除承奉郎尊以王奉　先聖祠事爲職添支供給隨本資次每三年理爲一任用本路及本州按察官薦舉依吏部格關陞資任如朝廷非次擢用許依舊帶公爵出令以次合襲封人權主祀事每遇親祠大禮冬正朝會許衍　聖公赴闕陪位又命別差兵七

每一番一十人充行　聖公白直刪定家祭冕服
制度須降又添賜田一百大頃其所入除給祭祀
外修立則均贍族人仍委本縣官一員與衍　聖
公同簽書管句又賜經史等書一監建學舍廟之
東南隅置教授官一員令教諭本家子弟内舉人
依本州學生例優與供給
八年三月十六日勑將舊賜田一百頃均給族人外
有新賜田一百頃除朝廷已有旨揮撥二十頃充
廟學供贍生員外有八十頃内撥二十頃充歲時
祭祀支用十頃置買　殿庭簾幕什物外五十頃
歲收穀粟等貯縣倉依時出粜置曆收管錢物遇

修補廟宇支用本州遂季郡官與奉　聖公點撿

崇寧三年十一月六日勑　文宣王之後常聽一人注兗州仙源縣官崇寧三年十一月十四日旨至

聖文宣王之後特與親屬一名判司候縣令孔若虛（是時爲襲封）具名聞奏今後事故即最長承襲尋保明四十六代孫宗哲係本家白身最長遂除興仁府乘氏縣主簿誥曰進士孔宗哲朕欽崇　先聖禀其世恩爰俾若虛以名來上錫汝一命往其欽承

政和間賜家祭冕服三獻官各一副單夾全

金

熙宗　皇統二年四月一日勑免孔子子孫賦役

初尚書省　奏權襲封孔端立言　孔子子孫漢
唐以來並免賦役身丁等事（其餘免丁之家不同，謂自古免充軍役）臣等
參詳　孔子之後舉天下止有一家他人難以攀
例有無依前代體例施行從之故有是命
五年准行臺尚書户部符兖州申　孔子廟宅　賜
田二百大頃自宋時不曾輸納稅役至廢齊阜昌
五年斷勒拘榷二稅并役錢
故金天眷元年孔若鑑等陳狀乞將本廟賜田錮
免稅役後來孔端立等陳狀又該宋承唐後亦免
本家賦役尚書省奏奉
勑旨依前代體例施行本部看詳　孔子廟宅

賜田合依前代體例施行

章宗明昌元年三月

勅旨　夫子廟以係省錢修蓋仍設教授一員於四舉五舉終場進士出身人內選博通經史衆所推服者充生員許孔宅子孫不限人數年十三已上願習業者皆聽就學已習詞賦經義准備應試人依州府養士例每人每月支官錢二貫米三斗小生減半支給如兗州管下進士欲從學者聽曾得府薦者試補終場舉人免試入學仍限二十人爲額庶孔宅生員等有講授養育成就人材委是有益於治并給　賜監書各一部合用人力於兗

州射粮軍內選差常令數足不摘差打減所須什物並依太學例官為應副仍令本縣官以時點檢若有闕少損壞畫時申移本州添修委本州進士出身官提控學校事據所屬應副生員請給人力所須等物委提刑官點檢有無奉行滅裂

孔氏祖庭廣記卷第七

祖庭廣記

徵四

孔氏祖庭廣記卷第八

姓譜

昔契以佐禹治水有功封於商而賜姓子氏至周成王時以商之帝乙長子微子啓國於宋啓卒立其弟微仲衍微仲衍生宋公稽宋公稽生丁公申丁公申生湣公共或作閔公共及煬公熙湣公共生弗父何弗父何生宋父周宋父周生世子勝世子勝生正考父正考父生孔父嘉孔父者其字也而先儒以謂當時所賜號者誤矣孔父嘉生木金父木金父生祁父或曰睪夷五世親盡別爲公族祁父因以王父字爲孔氏而生子孔防叔避宋華督

之難奔魯曾爲大夫因家於魯曾防叔生伯夏伯夏生郰大夫叔梁紇大夫長子曰孟皮或曰伯皮有疾不任繼嗣次子則 先聖是也自 先聖没子孫世爲魯人同居 祖廟先公文清先生嘗推原世譜以謂本姓本於子姓者是姬姓者非如鄭有孔張衞有孔達姓氏同而族異又皆出於姬姓實在子姓之先皆非 先聖之後

先聖誕辰諱日

周靈王二十一年庚戌歲即魯襄公二十二年當襄公二十二年冬十月庚子日 先聖生十月庚子即今之八月二十七日是夕有二龍繞室五老降

庭五老者五星之精也又
顏氏之房聞奏鈞天之樂空中有聲云感生
聖子故降以和樂笙鏞之音
周敬王四十一年壬戌歲即魯哀公十六年也當哀
公十六年夏四月乙丑日　先聖薨四月乙丑即
今之二月十八日先儒以謂己丑者誤矣蓋四月
有癸丑乙丑無己丑五月十二日乃有己丑以乙
爲己字之誤也方　先聖未生時有麟吐玉書於
闕里其文曰水精之子係衰周而素王　顏氏異
之以繡紱繫麟角信宿而麟去至哀公十四年西
狩大野叔孫氏車子鉏商獲獸以爲不祥　先聖

視之曰麟也胡爲來哉反袂拭面泣涕沾衿叔孫
聞之然後取之繫角之紱尚存麟見而天告
先聖將亡之讖也　先聖晨作負手曳杖逍遥於
門而歌曰泰山頹乎梁木壞乎哲人萎乎因以涕
下旣歌而入當戶而坐子貢聞之曰泰山其頹則
吾將安仰梁木其壞則吾將安放　夫子殆將病
也遂趨而入夫子曰賜汝何來遲夫明王之不興則
天下其孰能宗予夏人殯於東階周人於西階殷
人於兩楹閒昨暮予夢坐奠於兩楹之閒予殆殷
人也後七日而終時年七十三逮宣和六年甲辰
一千六百有一年矣

母顏氏

叔梁大夫雖有九女而無子其妾生孟皮有足疾乃求婚於顏氏顏氏有三女其父問曰鄹大夫雖父祖爲卿士然其先聖王之裔今其人身長十尺武力絶倫吾甚貪之雖年長性嚴不足爲疑三子孰能爲之妻二子莫對其幼徵在進曰從父所制將何問焉父曰即爾能矣遂以妻之

娶幵官氏

先聖年十九娶於宋之幵官氏

先聖小影

家譜云　先聖長九尺六寸腰大十圍凡四十九表

反首洼面月角日準手握天文足履度字或作王
字坐如龍蹲立如鳳峙望之如仆就之如外耳垂
珠庭龜脊龍形虎掌胼脇參膺河目海口山臍
林背翼臂斗唇注頭隆鼻阜腴堤眉地足谷竅雷
聲澤腹昌顏均頤輔喉駢齒眉有一十二采目有
六十四理其頭似陶唐其顙似虞舜其項類臯陶
其肩類子產自腰以下不及禹三寸背有文曰制
作定世符運今家廟所藏畫像衣燕居服顏子從
行者謂之小影於　聖像為最真近世所傳乃以
先聖執玉麈據曲几而坐或侍以十哲而有侍攖
盞棒玉磬者或冽以七十二子而操弓矢披卷軸

者又有十哲從行而乘車圖皆後人追寫殆非
先聖之眞像

給灑掃廟戶

魯哀公十七年因立廟於舊宅置守陵廟百戶

後漢靈帝建寧中給守廟百戶

魏文帝黃初元年詔置吏卒百戶以守衛之

宋文帝元嘉十九年詔可蠲墓側數戶以掌洒掃魯郡上民孔景等五戶居近 孔子墓側蠲其課役以給洒掃

後魏孝文帝延興三年給十戶以充洒掃

唐太宗貞觀十一年給 先聖廟戶二十以奉饗祀

睿宗太極元年以兗州　隆道公祠戸二十供洒掃

玄宗開元十三年東封回幸　孔子宅給復近墓五戸令天下州縣立廟賜百戸洒掃

二十七年詔賜百戸洒掃百縑充春秋享奠

憲宗元和十三年復置洒掃五十戸

懿宗咸通四年給洒掃陵廟五十戸

後周高祖廣順二年幸林廟以廟側數十家為洒掃戸及勑兗州修葺祠廟禁　孔林樵採

宋

真宗景德四年詔兗州舊以七戸守　孔子墳宜增至五十戸

大中祥符元年東封回幸林廟奉旨給近便十戸以奉塋域

是年十一月修葺祠宇給近便十户奉塋廟

仁宗慶曆四年三月勑於本縣中等人户內差廟户五十充本廟洒掃諸般祗應

哲宗元祐元年十月五日勑依舊法差洒掃户五十人看林户五人並依役人法先是四十六代孫宗翰奏家門事論廟户以謂熙寧中朝廷裁減役人議者欲役錢寬剩而不知王者崇儒貴道之本遂減作三十人其看林户止有三人竊緣 夫子墳林一千六百餘年子孫皆葬於其間周圍十餘里喬木參天近年以來多為盜賊斫伐州縣既不留意看林户又以減省洙泗之上識者傷嗟方當朝

廷全盛之時天下被其惠澤鄒魯　聖師之舊地
褒歆如此臣昔在慶曆中年雖稚齒曾記一事梁
適知兗州日乞以廟兵代廟戶又裁減人數方是
時章得象爲宰相范仲淹爲參知政事執政欲從
梁適之請獨仲淹云此事與尋常利害不同自是
朝廷崇奉　先師之事仁義可息而此人可減吾
輩雖行他人必復之如此執政遂已尋有中書劄
子令差足人數嘗時天下無賢不肖莫不稱之故有是命

金廟戶食直官爲應副

孔氏祖庭廣記卷第八

孔氏祖庭廣記卷第九

鄉官

孔氏鄉官其來遠矣考於傳記驗以譜系并林廟碑刻始自東漢桓帝以十八代孫樹爲魯從事厥後遂代有之終漢世十有一人後魏迄唐有八人焉或任兖州郡守或爲曲阜縣令開元二十七年以三十五代璲之任兖州長史詔代代勿絶宋初迄建炎則鄉官尤多太宗淳化四年除四十五代延世爲曲阜縣令制曰叔敖陰德尚繼絶於楚邦臧孫立言猶有後於魯國豈聖人之後可獨遠於陵廟乎許州長葛縣令孔延世鍾裔孫之慶仕文理之朝能敦素風

甚有政術宜任桑梓之地以奉烝嘗之儀可特授曲阜縣令仁宗即位詔自今仙源縣選孔氏子弟爲之崇寧間勑吏部 文宣王之後常聽一人注兗州仙源縣官於是孔氏鄉官不絕至於父子叔姪兄弟更相繼代漢至五代不見鄉官歷任年月無復備録姑以唐宋至

故金任鄉官者詳列於後

唯昉唐元和四年爲兗州參軍 見族孫門

璲之 兗州長史 見世次

萱 兗州泗水縣令 同上

齊卿 兗州功曹參軍 同上

唯晊 兗州參軍 同上

策　曲阜縣尉 同上

昭儉　兖州司馬累宰曲阜 同上

光嗣　兖州泗水縣令 同上

仁玉　周廣順三年任曲阜縣令 同上

宜　雍熙三年任曲阜縣令襲封文宣公 同上

延世　至道三年任曲阜縣令 同上

冕　祥符元年爲兖州參軍 見族孫

勗字自牧　祥符六年知仙源縣事 請創立學舍從之 同上

道輔　祥符九年知仙源縣事 同上

聖佑　天聖三年知仙源縣 見裴

良輔　天聖五年任仙源縣主簿 同上

彥輔 天聖八年任仙源縣主簿替親兄良輔慶曆
八年以衞尉寺丞知仙源縣替親姪宗禎未滿闕
奉勑差修 祖廟
宗愿 康定元年知仙源縣慶曆三年以大理寺丞
再任 覮
宗禎 慶曆五年以將作監丞知仙源縣
宗翰 嘉祐元年以秘書省著作佐郎知仙源縣熙
寧三年以尚書屯田郎中提點京東路刑獄公事
十年以尚書都官郎中提點京東路刑獄公事元
祐元年以朝議大夫知兗州
淵 嘉祐四年以屯田員外郎知仙源縣

宗壽 治平四年任仙源縣主簿紹聖元年以右宣
德郎知仙源縣
若蒙 熙寧三年以襲封衍 聖公任仙源縣主簿
[illegible]
若外 元豐元年任仙源縣主簿又五年以新太縣
令監修 祖廟 贈朝請
若古 元祐四年任仙源縣主簿 後更名傳
若谷 大觀二年以文林郎任仙源縣丞
宗哲 大觀二年以從事郎任兗州觀察推官
宗一 政和三年任仙源縣丞
傳 政和五年以朝奉郎任京東路轉運司管句文

字

端節 宣和元年以宣教郎任京東路轉運司句當公事中大夫嘉閣

墉 宣和五年以通奉郎任仙源縣丞

端問 宣和七年以迪功郎任仙源縣丞

松 建炎二年以宣校郎簽書泰寧軍節度判官廳公事

金鄉官

若鑑 天會八年以迪功郎任仙源縣主簿

璠 皇統二年以登仕郎任曲阜縣主簿

瓌 皇統五年以將仕郎任曲阜縣主簿

淵　天德二年以承直郎任兖州司法參軍

玠　天德二年以忠勇校尉任曲阜縣尉

揔　大定二十一年授曲阜縣令見世次

元措　承安二年二月

勑襲封衍聖公兼曲阜縣令仍令世襲同上

廟中古跡

先聖廟在魯城西南隅去城二百餘步東至舊曲阜

縣二里郎 先聖舊居之宅實魯哀公所立歷代東封告成行幸儒廟皆駐蹕於此自漢唐以來雖巨寇擾攘不敢暴犯如赤眉過魯亦解甲燒香再拜而去

手植檜三株兩株在贊德殿前高六丈餘圍一丈四尺其文左者左紐右者右紐一株在杏壇東南隅高五丈餘圍一丈三尺其枝盤屈如龍形世謂之再生檜晉永嘉三年枯死至隋義寧元年復生唐乾封二年又枯死至宋康定元年復生

手植檜賛 熚東皇養白日御元氣照道一動化機此檜植矯龍怪挺雄質二千年敵金石糾治亂如

一昔百代公蔭圭璧　太常博士米芾

撰

貞祐甲戌春正月兵火及曲阜焚我　祖廟延及三

檜幸收灰燼之餘携至　闕下分遺妻弟省知除

開封李世能乃命工刻爲　先聖容暨從祀賢像

召元措瞻仰追悼之極再拜以識其歲月云正大

甲申仲秋望日五十一代嗣孫太常博士衍　聖

公元措謹述

天地否而復泰日月晦而復明聖人之道厄而復

亨六籍厄於秦至漢而復興正道厄於晉宋齊梁

陳隋之閒至唐而復興此自然之理也貞祐初兵

華擾曲阜焚　孔庭檜聖道之廢興固不係於一
木之存亡新宮火三日哭重先祖之屋也況
聖師之手植乎衍　聖公收其煨燼之餘李侯刻
而像之知尊事矣若夫茂其德封而植之是聖道
常在世豈特一木哉三年六月晦門弟子趙秉文
謹記

鄆國夫人并官氏殿昔爲　先聖宴居之堂按論衡
及魯人相傳云　孔子將亡遺秘書曰後世一男
子自稱秦始皇上我堂踞我床顛倒我衣裳至沙
丘而亡始皇至魯觀　孔子宅至沙丘而崩又按
世家　孔子卒諸儒講鄉飲酒大射於　孔子家

其所居堂魯哀公十七年因立爲廟後世即其廟藏　先聖衣冠琴瑟車書至漢二百餘年不絕昔太史公嘗適魯觀　先聖廟堂車服禮樂諸生習禮於其家以至低回留之不能去漢景帝時魯共王好治宮室壞　先聖舊宅以廣其宮聞金石絲竹之聲乃不敢壞於其壁中得古文經書此其地也

杏壇在　先聖殿前即　先聖教授堂之遺址也昔漢鍾離意爲魯相出私錢萬三千付户曹孔訢修夫子車身入廟拭几席劍履男子張伯除堂下草得玉璧七枚伯懷其一以六枚白意意令主簿安

置几前其堂下牀首有懸甕意召許問荅云
夫子甕也背有丹書人莫敢發意曰　夫子所以
遺甕欲以垂示後人因發之得素書文曰後世修
吾書董仲舒護吾車拭吾履發吾笥會稽鍾離意
璧有七張伯懷其一意即召問伯果服焉漢明帝
東巡幸　先聖宅亦嘗御此命皇太子諸王說經
於堂上後世嘗以爲殿　宋天聖二年傳大父中
憲監修　祖廟增廣殿庭因移大殿於後講堂舊
基不欲毀折即以瓴甓爲壇環植以杏魯人因名
曰杏壇
先聖舊廟有松栢檜歷周漢晉榮茂如雲至

金大安三年季冬入東蒙移松一千株

廟外古跡魯之古跡至多今止以事系於先聖者載之

防山在廟東三十里周圍八里高二里直山之北三里餘乃 齊國公墓 先聖生二歲而 齊國公卒葬於防山 先聖母逝殯於五父之衢郰人輓父之母告 先聖父墓子曰古者不祔葬焉為不忍先死者之復見也詩云死則同穴自周公以來祔葬矣故衞人之祔也離之有以間焉魯人之祔也合之美夫吾從魯遂合葬於防曰吾聞之 墓而不墳今某也東西南北之人不可以弗識也吾見封之若斧形者矣吾從斧者焉於是封之崇四

尺今墓前有 齊國公廟廊廡祭亭凡二十餘間每歲時子孫祭饗焉

尼丘山在廟東南五十里周圍一十里即 齊國公與 顏氏禱於此而生 先聖者也 先聖生而首上圩頂如尼丘山頂之圩宋皇祐二年封山神爲毓聖侯制曰元聖肇興誕自東魯雖天之生德蓋云默定而岳之降神實應精禱兖州泗水縣尼丘山崇岡秀阜雲雨所出儲丕祐於商後孕全氣於孔族挺毓睿哲爲万世師當崇五等之封俾均四瀆之秩列於祀典以永神休攸司奉書往申昭告宜特封毓聖侯仍令本州差官往彼祭告破係

省錢增葺祠廟及造廟牌安掛春秋差官致祭
真廟東封王欽若言祭　文宣王尼丘山山上有
紫雲氣長八九丈詔遣入内殿頭楊懷玉祭謝今
尼丘山五峰下有　齊國公　先聖并毓　聖侯
廟在焉
顔母山在廟東南五十五里周圍一十里高三里乃
齊國公與　顔氏禱於尼丘山嘗遊此而休息焉
山去尼丘山五里魏地形志亦言魯縣有顔母祠
堂迄今在焉
魯城之西南隅即　先聖之舊宅也昔魯人泛海而
失津至於亶州遇　先聖七十子遊於海上特以

歸途使告魯公築城以備寇魯人歸且以告魯侯侯以爲誕俄而群鵲數萬銜七培城侯始信乃城曲阜訖而齊寇果至事載十六國春秋其說神異雖 先聖之所不語然魯人尚能言之所謂疑傳疑者於是亦綴而不遺

廟東南二里魯城有門曰高門昔齊人選女子衣文衣而舞康樂文馬三十駟遺魯君陳於高門外季桓子微服往觀受其樂三日不聽政郊又不致膰俎於大夫 先聖遂適衛史記云高門詩云皐門魯國圖云稷門

魯宮城雉門之外曰兩觀春秋定公二年杜預注雉門公宮之南門兩觀闕也昔 先聖爲魯司寇攝行相事

於是朝政七日而誅亂政大夫少正卯於兩觀之下者是也

五父衢在廟東南五里昔　先聖　母殯於五父之衢者此其地也

先聖學堂在廟北五里泗水纏其北洙水由其南皇覽云諸弟子房舍井瓮猶在周敬王三十六年先聖自衛返魯於此刪詩序書定禮樂繫周易至三十九年因魯人西狩獲麟而春秋絶筆因曾參孝行而作孝經二經既成　先聖齋戒於此堂下面北斗而拜告備於天紫微於是降此堂又有赤虹自上而下化為黃玉有刻文　先聖跪而讀之

其辭曰孔提命作應法魯記所載　孔子講堂者
即此堂也昔漢光武東巡過魯坐　孔子講堂顧
指子路室謂左右曰此吾太僕之室也今學已廢
遺址存焉
矍相圃在廟西南一百二十步周圍二里高一丈昔
先聖射於矍相之圃觀者如堵焉晉太康志曰矍
相圃在魯城内縣西南近　孔子宅是也今圃中
猶存舊井皆石為之
廟西南二百步魯城有門曰歸德世傳四方諸侯慕
先聖之德而至者多入此門故魯人因以名之
廟東南魯城有門曰端門　先聖將殁謂子貢曰端

門當有血書子貢件候之果有血書云趍作法孔聖歿周姬亡慧東出秦人滅胡亥術書既散孔不滅子貢以告　先聖趍往而觀之化為赤烏飛去

廟南十里魯縣有二石闕曰闕里蓋里門也後漢董憲裨將屯兵於魯侵害百姓光武及拜鮑永為魯郡太守永到大破之惟別帥彭豐不肯下頃之孔子闕里無故荆棘自除從講堂至里門永異之謂魯令及府丞曰方今危急而闕里自開豈夫子欲令太守行禮助吾誅無道也乃命人衆修鄉射之禮請豐等共觀視欲因此擒之豐等亦欲

圖永乃持牛酒勞饗而潛挾兵器永覺手格殺豊

圖經載闕里在孔子廟東南二里有門闕廢址雙立舊城因名曰闕里

廟東三里有廢井圜五丈三尺深八十尺石爲之按

史記云季桓子穿井得缶中若羊問　先聖云得

狗　先聖曰以某所聞羊也木石之怪夔罔魎水

之怪龍罔象土之怪羵羊也

陋巷在廟東北三百餘步巷之北有井世傳爲顏井

顏子在陋巷人不堪其憂而顏子不改其樂

先聖屢賢之此蓋顏子所居之地也熙寧閒嘗構

亭井之北命曰顏樂亭士大夫聞之如司馬溫公

二蘇輩二十餘人或以詩或以文或以歌頌皆揭

以牌

林中古跡

先聖沒公西赤爲之識及掌其殯葬焉唅以踈米三貝襲衣一十有一稱加朝服一章甫之冠珮象環徑五寸而綦組綬桐棺四寸栢棺五寸及以告備於天所受黃玉葬于魯城北一里泗水上藏入地不及泉而封爲偃斧之形高四尺泗水爲之却流

既葬有自燕來觀者舍於子夏氏子貢謂之曰吾亦人之葬聖人非聖人之葬人子奚觀焉昔夫子言曰吾見封有若夏屋者見若斧矣若從斧者也馬鬣封之謂也今徒一日三斬板而封尚行

夫子之志而已何觀乎哉皇覽曰　孔子冢去城一里冢塋百畝南北廣十步東西三十步高一丈二尺如鳥卵馬鬣今增周圍五十餘步高一丈五尺塋中不生荊棘刺人草樹以百數皆遠方徒弟各持鄉土異種所植魯人世世無能名者惟楷木爲多其餘則皇覽所載柞枌雒離女貞五味毚檀之木也群弟子三年喪畢或去或留唯子貢廬於墓六年自後群弟子及魯人從冢而家者百有餘室因名其居曰孔里世世相傳歲時奉祠不絕真宗東封王欽若言祭　文宣王詣墳致奠得芝五本詔遣入内殿頭楊懷玉祭謝復得芝五本

先聖墳北有虛墓五間皆石爲之　先聖沒戒門弟子爲虛墓後果遭秦始皇發冢有白兔出於中始皇逐之至曲阜西北十八里溝而沒魯人因名其溝曰白兔溝

祠壇昔　先聖沒弟子於冢前以瓴甓爲壇方六尺至後漢永嘉元年魯相韓叔節始易之以石至唐以封禪石壇易之今四面皆歷代題名歲久漫滅字不可讀

先聖墳東十步曰二代伯魚墓又南少東十步曰三代子思墓商人尚右故也真宗幸　孔林顧問二冢子孫對以伯魚子思墓帝太息躊躕而退

駐蹕亭在　先聖二代兩墳之間真宗東封回駕幸
闕里顧問　先聖墳何在子孫引導鑾輿躬至
孔聖林酹奠謁畢坐於亭上宣兩府及兩制賜茶亭
有古碑字多殘缺帝命詞臣拂蘚辨認盤桓久之
輦路真宗幸　聖林以林木擁道降輿乘馬至
先聖墳釋酹奠再拜今自林前刖石橋直趍駐蹕亭
有輦路皆甃以石
楷木廣誌云　夫子沒弟子各持其鄉土所宜木人
植一本於墓而去冢上特多楷木楷木出南海今
林中楷木最茂閒有因風摧折者人或得之以爲
手板

舊廟宅

至聖文宣王廟外三門榜即　宋仁宗御篆也三門之後曰書樓藏賜書之樓也樓後御路東西有二亭其東宋朝修廟碑其西唐碑次儀門門内曰御賛殿（乾興年作傳大父監修廟奏立此殿）次後曰杏壇杏壇之後即正殿殿榜乃仁宗御飛白也其後　鄆國夫人殿殿東廡泗水侯殿西廡沂水侯殿祖殿廊西門外齊國公殿其後　魯國太夫人殿殿後五賢堂祖殿廊東門外曰齋廳即真宗東封回幸儒廟駐蹕之殿奠謁待次之所也回鑾次兖州詔去其鴟許本家爲廳族人遇仲祭致齋於此遂名曰齋廳

廳廊之東門外其南客館其北客位齋廳之後齋堂堂後宅廳孔氏接見賓客之所由客位東一門直北曰襲封視事廳廳後恩慶堂堂乃中丞典鄉郡日侍致政尚書公會孔氏內外親族之所徂徠先生石介有碑以紀其事恩慶堂之西曰家廟堂之東北隅曰雙桂堂先公仲父舊讀書於此堂皇祐元年同賜弟故以名之諸位皆列居於 祖殿之後并恩慶堂之東西自 祖廟并諸位所居舊皆勑修後以諸位屋宇日廣皆自營葺矣除諸位外 祖廟殿庭廊廡等共三百一十六間

仙人脚明昌元年有異人履玄白舄瞻拜 先聖於

廟門外竚立石上甚有喜色既去其石足跡存焉
有文曰仙人脚次年奉　勑修廟此亦
金朝崇奉　先聖修廟之應也
泰和八年八月二十七日以　先聖降誕之辰前期
一日率闔族敬詣　尼山廟祭奠日方午刻俄聆
殿上當空有樂振作比金石絲竹之聲凡在一舍
間皆聞之而駭然蓋
朝廷崇奉
德感所致也
金修廟制度
正殿廊廡大中門大成門　鄆國夫人殿目皇統

大定以來建之其制猶賀素至明昌初增後位城
殿殿廡皆以碧瓦爲緣外柱以石刻龍爲文其藻
栱之飾塗以青碧每位皆有閣至於欄檻簾櫳並
朱漆之　齊國公位僅與正位同又刱二代三代
祖殿毓聖侯殿五賢堂奎文閣之屬煥然一新與夫
廳堂黌舍門廡凡四百餘楹方之前古於此爲備
貞祐二年正月二十四日兵災及本廟殿堂廊廡灰燼
什五祖檜三株亦遭厄數適有四十九世孫廟學正
瑭泊族人避於其間俄有五色雲覆其上中有群
鶴翔鳴良久而去田夫野老無不見之

孔氏祖庭廣記卷第九

孔氏祖庭廣記第十

廟中古碑

後漢碑四

司徒臣雄司空臣戒稽首言魯前相瑛書言詔書
崇聖道勉。（上二字磨滅）藝孔子作春秋制孝經。。五
經演易繫辭經緯天地幽讚神明故特立廟褒成
侯四時來祠事已即去廟有禮器無常人掌領請
置百戶卒史一人典主守廟春秋饗禮財出王家
錢給大酒直須報謹問太常祠曹掾馮牟史郭玄
辭對故事辟雍禮未行祠　先聖師侍祠者　孔
子子孫太宰太祝令各一人皆備爵太常丞監祠

三千七十四

河南尹給牛羊豕○○○各一大司農給米祠臣
愚以為如瑛言 夫子大聖則象乾坤為漢制作
先世所尊祠用衆牲長吏備○○欲加寵子孫敬
恭明祀傳于罔極可許臣請魯相為 孔子廟置
百戶卒史一人掌領禮器出王家錢給大酒直他
如故事臣雄臣戒愚戇誠惶誠恐頓首頓首死罪
死罪臣稽首以聞制曰可元嘉三年三月二十七
日壬寅奏雒陽宮元嘉三年三月丙子朔二十七
日壬寅司徒雄司空戒下魯相承書從事下當用
者選○年四十以上經通一藝雜試通利能奉弘
先聖之禮為宗所歸者如詔書書到言永興元年

六月甲辰朔十八日辛酉魯相平行長史事卞守
長擅叩頭死罪敢言之（廢滅不知幾字）司徒司空府壬寅詔
書為　孔子廟置百户卒史一人掌主禮器選年
四十以上經通一藝雜試能奉弘　先聖之禮為
宗所歸者平叩頭叩頭死罪死罪謹案文書守文
學掾魯孔龢師孔憲户曹史孔。等雜試龢脩春
秋嚴氏經通高第事親至孝能奉　先聖之禮為
宗所歸除龢補名狀如牒平惶恐叩頭死罪上司
空府　讚曰巍巍　大聖赫赫彌章相乙瑛字少
卿平原高唐人令鮑疊字文公上黨屯留人政教
稽古若重規矩乙　君察舉守宅除吏　孔子十九

世孫麟廉請置百户卒史一人鮑君造作百户吏舍功垂無窮於是始。

後漢鐘太尉書

永壽二年魯相顏勑 復 顏氏 并官氏繇發碑

惟永壽二年青龍在涒歎霜月之靈皇極之日魯相河南京韓君追惟太古華胥生皇雄顏。育。寶。制元道百王不改 孔子近聖為漢定道自天王以下至于初學莫不驪思嘆卬師鏡顏氏聖舅家居魯親里并官 聖妃在安樂里 聖族之親禮所宜異復 顏氏 并官氏邑中繇發以尊孔心念聖歷世禮樂陵遲秦項作亂不尊圖書倍道畔德離敗聖輿食粮士于沙丘君於是造立禮器樂之音衍鐘磬瑟鼓雷洗觴觚爵鹿俎梪籩柉禁。脩飾宅廟更作二輿朝車威熹宣抒玄汙以注水流法舊不煩備而不奢上合紫臺稽之中和下合聖制事得禮儀於是四方士仁聞君風耀敬咏其德尊其大人之意逴彌之思乃共立表石紀傳億載其文曰戲統華胥承天畫卦顏育空桑孔。元孝俱祖紫宮大一所授前闓九頭以外言教後制百王獲麟未吐制不空作承天之語乾元以來三九之載八皇三代至孔乃備聖人不世期五百載三陽吐圖二陰出讖制作之義以俟知奧於

三十九　百六　王

穆韓君獨見天意復聖之族違越紀思修造禮樂
瑚璉器用存古舊宇殷勤宅廟朝車威熹出誠造
○○不水解工不爭賈深除玄汙水通○注禮器
升堂天雨降澍百姓訢和舉國蒙慶神靈祐誠竭
敬之報天與厥福永享年壽上極○○旁及皇代
刊石表銘與乾輝耀長期蕩蕩於盛復授赫赫罔
窮聲垂億載
建寧元年相河南史君碑
魯相孔晨奏出王家穀祀　夫子碑
建寧二年三月癸卯朔二十日巳酉魯相臣晨長史
臣謙頓首死罪上尚書臣晨頓首頓首死罪死罪

臣蒙厚恩受任將守得在奎婁周孔舊寓不能闡
弘德政恢崇壹變夙夜憂怖累息屛營臣晨頓首
頓首死罪死罪臣以建寧元年到官行秋享飲酒
泮宮畢復禮　孔子宅拜謁　神坐仰瞻榱桷俯
視几筵靈所馮依肅肅猶存而無公出酒脯之祠
臣即目以奉錢脩上案食醊具以敘小節不敢空
謁臣伏念　孔子乾巛所挺西狩獲麟爲漢制作
故孝經援神契曰玄丘制命帝卯行又尚書考靈
燿曰丘生倉際觸期稽度爲赤制故作春秋以明
文命綴紀撰書脩定禮儀臣以爲　素王稽古德
亞皇代雖有褒成世享之封四時來祭畢即歸國

臣伏見臨辟雍日祠　孔子以太牢長吏備爵所
以尊　先師重教化也夫封土爲社立稷而祀皆
爲百姓興利除害以祈豐穰月令祀百辟卿士有
益於民矧乃　孔子玄德煥炳光于上下而本國
舊居復禮之日闕而不祀誠朝廷聖恩所宜特加
臣寢息耿耿情所思惟臣輒依社稷出王家穀春
秋行禮以共禋祀餘○賜先生執事臣晨頓首頓
首死罪死罪臣盡力思惟庶政報稱爲效增異輒
上臣晨誠惶誠恐頓首頓首死罪死罪上尚書時
副言太傅太尉司徒司空大司農府治所部從事
府昔在　仲尼汁光之精大帝所挺　顏毋毓靈

承弊遭衰黑不代倉○不應聘嘆鳳不臻自衛反
魯養徒三千獲麟趣作端門見徵血書著紀黄玉
韻應主爲漢制道審可行乃作春秋復演孝經刪
定六藝象與天談鉤河擿洛郄揆未然魏魏蕩蕩
與乾比崇

魏碑二

魏黄初元年制命二十一世孫羨爲崇聖侯奉家祀碑

維黄初元年大魏受命胤軒轅之高蹤紹虞氏之
遐統應歷數以改物揚仁風以作教於是輯五瑞
班宗彝鈞衡石同度量秩羣祀於無文順天時以
布化既乃緝熙聖緒昭顯上世追存二代三恪之禮

兼紹　宣尼○○之後以魯縣百戶命　孔子二
十一世孫奉議郎孔羨爲崇聖侯以奉　孔子之祀
制詔三公曰昔　仲尼姿大聖之才懷帝王之器
當衰周之末而無受命之運在魯衛之朝敎化乎
洙泗之上栖栖焉皇皇焉欲屈已以存道貶身以
救世於是王公終莫能用　乃退考五代之禮修
素王之事因魯史而制春秋就太師而正雅頌俾
千載之後莫不宗其文以述作仰其聖以成謀咨
可謂命世大聖億載之師表者已遭天下大亂百
祀墮壞舊居之廟毀而不修褒成之後絕而莫繼
闕里不聞講誦之聲四時不睹蒸嘗之位斯豈所

謂崇化報功盛德百世必祀者哉嗟乎朕甚閔焉
其以議郎孔羨爲崇聖侯邑百戶奉　孔子之祀
令魯郡修起舊廟置百戶吏卒以守衛之又於其
外廣爲屋宇以居學者於是魯之父老諸生遊士
睹廟堂之始復觀俎豆之初設嘉　聖靈於髣髴
想貞祥之來集乃慨然而歎曰大道衰廢禮學滅
絶三十餘年皇上懷仁聖之懿德兼二儀之化育
廣大包於無方○○淪於不測故自受命以來天
人咸和神氣烟熅嘉瑞踵武休徵屢臻殊俗解編
髮而慕義遐夷越險阻而來賓雖大皓遊龍以君
世虞氏儀鳳以臨民伯禹命玄宮而爲夏后西伯

由歧社而爲周文尚何足稱於大魏哉若乃紹繼

微絶興脩廢宫疇咨稽古崇配乾坤況神明之所

福作宇内之所觀欣色豈徒魯邦而巳哉爾乃感

殷人路寢之義嘉先民泮宫之事以爲高宗信公

蓋嗣世之王諸侯之國耳猶著德於○頌騰聲於

千載況今聖皇肇造區夏創業垂統受命之日曾

未下輿而褒美大聖隆化如此能無頌乎乃作

頌曰煌煌大魏受命溥將紹體黄虞含夏包商降

釐下土○清三光羣祀咸秩靡事不綱嘉彼玄聖

有邈其靈遭世霧亂莫顯其榮寢成○絶寢廟斯

傾闕里蕭條靡歆靡馨我皇悼之尋其世武乃建

宗聖以紹厥後脩復舊堂豐其甞宇莘莘學徒爰
居爰處王教既新羣小遄沮魯道以興永作憲矩
洪聲豈假神祇來和休徵雜遝瑞我邦家內光區
域外被荒遐殊方○○搏拊揚歌於赫四聖運世
應期　仲尼既没文亦在兹彬彬我后越而五之
○于億載如山之基

魏陳思王曹植詞　梁鵠書

東魏興和二年兗州刺史李珽修　孔子廟碑

粵若稽古睿后欽明文思衡宰邁德丕顯九功咸
事故能庸勳親賢官方式叙惟大魏徙鄴之五載

皇○興和之元年天○○咨寅賔出日寔惟濟岱宣
風敷化我屬英良以郡理思優敏實惟舊德昇朝
收民物望斯允必能絃歌鄒魯尅磨滅四字制磨滅四字我郡公
使持節都督兗州諸軍事車騎大將軍當州大都
督兗州刺史姓李諱珽字仲珽趙國柏仁人也其
先帝高陽○○○柱史之亂左車之綿御名下字瑤光休
彩赫奕於上齡若水嘉祥扶蔬於李葉君以資解
褐奉朝請俄除定州平北府法曹參軍仍磨滅五字諮議
參軍事定相雖三州長史東郡汲郡恒農三郡太
守司徒左長史中散太中大夫營構都將雖兗二
州刺史所在恩○○訓在磨滅四字易地而貞馥不移君

鳳舉雲翔風期如一斯寔天懷直置妙與神同悃
然不樂思仁未深刑平惠和詎爲淳（磨滅十字）葉重光之
貴氣韻優峻之奇政績緝熙之美既備於史傳與
清頌故不復詳載焉君神懷踈爽風度絶人學業
○○源並深趣操○寒松俱秀故其隸究部也當
未浹旬言觀孔廟肅恭致誠敬神如在遂軔車曲
堦歆馬沂流周遊眺覽尚想伊人○○○然有（磨滅四字）
意乃命工人脩建容像　孔子曰從我於陳蔡者
皆不得及門也因歷叙其才以爲四科之目生既
見從没（磨滅十二字）於易辭起予者商紛淪於文誥是則
聖人之道須輔佐而成故曰吾有由也惡言不聞

於耳所以雕素十（磨滅四字）其側今於（磨滅四字）奉進儒冠於諸
徒亦青衿青領雖逝者如斯風霜驟謝而淪姿舊
訓曖似還新至如廟宇凝靜靈姿嚴麗（磨滅五字）以踰七
（磨滅四字）不能出夫道繫於人人亡則道隱斯大義以之
而乖微言以之而絕今 聖容肅穆二五成行丹
素陸離（磨滅七字）微唊而○言左右若承顏而受業是以
觀之者莫不忻忻焉有入室登堂之想斯亦化○
○一隅也天誕 聖哲作民師（磨滅五字）闕里墦洙泗至於
歎鳳鳥之寂寞傷河圖之莫出屢應聘而不遇知
道德之不行乃正雅頌修春秋刊理六經懸諸日
月○○載之○莫不得其○以述作服其訓以成

身洛可謂開闢之儒聖無窮之文宗者矣此地古
号曲阜是唯魯郡雖宮觀荒毀臺池蕪没然其廟
庭也蔚。林於九冬罩脩柯於百刃類神栝之侵
漢同梧宮之巨圍至夫鴻隨秋下則月秀霜枝燕
逐春來而風開翠葉既（磨滅五字）亦足以安樂聖靈是以
無代不加脩繕譙億載以寧神君清明在躬精思
入微功被人神德貫幽顯豈唯營飾宣質經刱（磨滅七字）
如虔。岱像崇奉玄宗敦素前翼興存廢絕視民
如傷。之仁壽體士懷以幽詢任萬物以為心。
直靈津孤灑虛光獨散者。。一月之明可影百
川一人之鑒縱横萬趣爰自剌舉未或斯同然丹

青所以圖盛迹金石所以刋不朽。。不鐫珉瑶
焉述府州（磨滅六字）今士民等畧序義目樹碑廟庭俾後
來君子知功業之若斯焉乃作頌曰二儀肇判人
倫攸舉邈邈　玄王誕玆聖（御名下字）祖習堯舜憲章文
武聲溢九天化潭八宇祖習。。窮神盡妙化。
伊何。。存。。同麗景摶天孤昭無異岱山宗巖
巖特峭重山隱寶深霞祕暉在哀之葉自衛言歸
德生於子文實在玆彝倫禮樂尅叙書詩（磨滅四字）灰管
流氣良木其。緬踰千祀以存恕灶諸靈意不有
伊人孰云脩置惟君體道布政優優白鳩巢室赤
雀棲樓禮罔不備智無不周器冠後哲風邁前脩

既繕　孔像復立十賢誠兼岱宇懃盡重玄御
聖儀之煥爛嘉鴻業之嬋聯長無絶兮終古永萬
億兮斯年
　興和三年十二月十一日訖功
齊碑一
乾明元年隸書碑磨滅不可讀
隋碑一
大業七年曲阜縣令陳叔毅修廟記
　若夫惟道惟德或仁或義既漸散於英華遂崩淪
於禮樂天生　大聖是曰　宣尼雖有制作之才而
無帝王之位膺期命世塞厄補空述萬代之典謨

爲百王之師表始於漢魏爰逮周齊歷代追封秉
圭不絶我大隋炎靈啓運翼下降生繼大庭之高
蹤紹唐帝之遐統憲章古昔禮樂惟新偃伯修文
尊儒重學以　孔子三十二世孫前太子舍人吳
郡主簿嗣哲封紹聖侯皇上萬機在慮兆庶貽憂
妙簡才能委之邑宰於此周公餘化惟待一變之
期　夫子遺風自爲百王之則禮儀舊俗餘何足
云用能奉天旨敬　先師勸孔宗修　靈廟即曲
阜陳明府其人也明府名叔毅字子嚴潁川許昌
人昔堯之禪舜實釐女於有虞周室封陳亦配姬
於嬀滿漢右丞相建六奇之深謀魏大司空開九

品之清議明府即陳氏高祖武帝之孫高宗孝宣帝之子至如永嘉分國代歷五朝郢璞有言年終三百皇朝大統天下一家爲咸陽之布衣實南國之王子於是遊情庭宇削跡市朝砥礪身心揣摩道藝策府蘭臺之秘籍雕蟲刻鶴之文章莫不成誦在心借書於手金作玉条之刑法桐因木吏之奸情一見仍知片言能折所謂江珠匿曜時虧蕭月之明越劒潛光每動衝星之氣爰降詔書迺除曲阜縣令風威遠至禮教大行政術始臨奸豪屏息抑強扶弱分富恤貧部内清和民無疾苦重以德之所感霜雹無災化之所行馬牛不繫鼉魚夜

放早彰溉釜之篇乳雉朝馴自入鳴琴之曲遠嗤龐統不任百里之才俯笑陶潛忽輕五斗之俸於是官曹無事囹圄常空接士迎賓登臨遊賞覩泮水而思歌尋靈光而想賦加以祗虔聖道敬致明神粉壁椒塗丹楹刻桷可謂神之所至無所不爲振百代之嘉聲作千城之稱首敬鐫金石之文永同天地之固其詞曰皇非常道帝實無爲時澆俗薄樸散淳離世道交喪仁義爭馳書士詩逸禮壞樂虧降生　大聖再修墳史積善餘德追崇不已於穆大隋明命天子新開紹聖重光闕里伊我陳君清德遠聞温温玉潤苾苾蘭芬淵才亮美拔類

超群時逢上聖以我爲令導之以德行之以政用

此一心能和百姓子還名賈兒多字鄭奸雄竄伏

賦役平均心居儉素志守清貧魚生入釜雀瑞來

臻寢廟孔碩靈祠赫弈圓淵方井綺窻畫壁因頌

成功遂歌美績共弊穹壤永固金石

大隋大業七年辛未歲七月甲申朔二日乙酉

濟州秀才前汝南郡主簿仲孝俊作文

孔子三十一世孫孔長名三十四世孫孔子歎

○○○

大唐贈泰師魯國　孔宣公碑

祕書少監通事舍人內供奉臣崔行功奉勑撰

文

奉勑直祕書行祕省書學博士臣孫師範書

臣聞形氣肇分宗匠之塗遂廣性情已著名教之理攸興是故雕刻爲妙物之先粉澤成眞宰之用若其聃語棄智則聖非攘臂之端莊寄齊諧則禮必因心之範雖九流爭長百家競逐而宗旨所歸典墳取俊夫軒犧已謝子姒迭微步驟殊方質文異轍及流蔡起謨箕服傳試憲章版蕩風雅淪喪然而千齡接聖崇朝可期五百見賢伐柯未遠粵惟

上哲降生圯運理接化先德克造物財成教義彌綸之跡已周組織心靈範圍之功且峻利仁以濟幽顯垂訓以霑動植自歎起臨川道窮反袂西峰琰王幾燼蒼山東野条萊多塵碧海屬混元再造休明一期雅頌之音復聞郊禋之禮還緝蹕巢脊之逸軌邁龍鳥之遐風瞻白雲而外介丘暨蒼嶠而過沂上而令千祀之外典冊遂隆九泉之下哀榮方縟斯乃命爲罕說道不預謀豈如箕山之魂空成寂寞信陵之墓徒復經過將知龍蛇之蟄潛契於天壤聖智所遊高懸於日月言之不可極其唯 孔泰師乎 泰師諱丘字仲尼魯國鄒人有

殷之苗裔也分於宋則　孔父嘉爲大司馬弗父
何以國讓其弟厲公正考父佐戴武宣而受三命
居於魯則有防叔伯夏　叔梁紇紇生　泰師若
夫天命玄鳥王篚隆其濬哲瑞啓白狼瑤臺繁其
錫類武王覆夏仍遷象物之金有客在周復奏來
林之樂茲恭喻尸臣之鼎髙讓挹延吴之風令御名下字
昌源煥乎已遠至如象緯凝質則傳說巫咸嵩華
降神而申伯吉甫在於郊臨巨跡鬱符中野之祥
水帶丘阿遥均反宇之慶緼乾坤之精粹陶陰陽
之淑靈度九圍十河目海口放勛文命有喻於儀
形子産皐陶微詳於具體孟孫言其將聖泰宰辯

其多能神闡繫表性與道合時初撰屨已訓魯鄉
年未裘裳先窺周室猶且學期上達業遵下問龍
如藏史或訪禮經碧淮萇弘言諮易象曲臺相圃
廣陳揖讓之容師摯師襄屢辯興亡之極綱羅六
藝經緯十倫加以思入無方情該至賾陳庭矢集
懸驗遠飛季井泉開宜占幽怪新萍泚日能對於
楚賓舊骨淪風旋訓於越使藏往知來之際微妙
玄通之旨不可以龜策求不可以筌蹄得及其譽
聞曲阜南宮展師資之敬應務中都西鄰化諸侯
之法冬官效職五土得其攸宜秋令克宣兩觀展
其刑政溝疏墓道且抑季桓田歸汶陽遂凌齊景

尊君卑臣之訓自家刑國之術每惆悵於興周亦
留連於韶管然而高旻不惠彼日浸微起哀怨於
王風絕歸飛於鳴鳥是邦可化斯道欲行暖席興
憂問津匪倦俎豆嘗說空及三軍之容季孟有言
不接雙雞之膳晏平推士尚或相排子西讓王終
成見拒亦有宋朝司馬喬木難休衛國匡人逆旅
焚次荷蕢微者翻嗟擊磬之心儀封細人潛明木
鐸之意既而在斯興感用輟棲遑狂簡斐然彌嗟
穿鑿旋騖舊館掃遊闕里杏壇居寂緇林地幽知
十稽微得二承妙科斗所載方閱舊文雎鳩在篇
遍詳雅什河漢鞉鼓鑾鏘之響復傳宗廟衣裳外

降之儀還序傳約無倦誘喻多方后稷躬耕近關厲物伯夷餓死德可激貪周公其人則神交於夢想管仲小器歎微之於征伐信立德立言泰上謂之不朽日仁與義前哲以之周旋覆簣為山喻天階而不陟讀易無過假日蝕以鳴謙茨嶺峒山寄言於獨善岐情風御未涉於通莊妙臻數極作侔易簡是知縫掖迺兼濟之塗華袞非為政之要及其愚智齊泯椿菌如一南楚狂猜舊辯鳳衰東魯陪臣奄成麟斃晨興負杖知命發於話言夕寐奠楹將萎傷其盡慮崇山化谷小天下而無由殞石況星架大粱而何有門人議服俱纏至極之哀國史

制詞永錫敕遺之誅及延深夏屋樹列遠方五勝迭遷六籍無准席閒初闃巳舛微言入室且分遄乖大義秦人蚌沸遺燼翳然漢代龍驤挾書未翦元封有述殘缺載陳甘露嗣蹤搜揚復起春陵受命先訪於膠庠譙郡膺符多招於文學逮江馬南度梟鵄比飛鵶入環林鯨衝聖海有隋交喪中原翦覆東序南雍鞠爲茂草六樂五禮皆從燬室欽若皇唐肇膺明命祖武宗文之業天成地平之勳圖書因樂推重干戈由寧亂集刳舟剡浮芹藻之詩先遠戎衣初卷羽籥之節旋興皇上以聖敬而撫璇圖文明而膺寶歷夏啓挹其光兆姚誦讓其

惟清化入龍沙風移鯷海金台展書瓊田薦賝潜
馬飾黃芝之封浮龜吐緑文之籙虞庠殷塾虛實
尨叟蓬嶺石渠朋延惇海垂衣裳而凝想虛旒纊
以永懷至於大道浸微小康遂往羸識紫紊○謬踐
云阿劉風白金徒遵高里黃初正始時多閒然建
武永平業非盡善而迺作樂崇德殷薦之禮畢陳
有孚載顒觀下之訓齊設肆類群望孝享之義益
肇歸功三后尊祖之誠逾切詔褒中而徵萬王譯
荒外以召百靈一茅分茹雙鶼共羽翠華遠昇結
席虛位上帝儲祉泰壹有暉山祇傳聲海神會氣
九皇之況榮可嗣三代之闕典還屬迺使朱鳥詳

日蒼威戒路七萃騰景八鸞鏘風過大庭以省方
掩洙上而觀埶宴居莫辨祠堂蕭然見馬鬣於荒
墳識欃檀於古墬歎重泉之可作聞盛德而必祀
言敷典訓廣命杍材贈以泰師式旌幽壤敃製神
宇是光令德于時皇唐之御天下四十有九載即
乾封之元年也攝提貞歲句荘獻節兗州都督霍
王元軌大啓藩維肅承綸誥庀徙揆日䟫閑薙遠
接泮林之舊壝削靈光之前殿徂來新甫用伐喬木
而韻流嚶岱映泗濵採恠石而喧浮磬頳紫施繡
黝[illegible]飛文杳栱重櫨春窻秋幌陰櫚積霧複閣懷
煙几仍[illegible]室席遵函文壽宮詹然睟容有穆至如

襄城有訪七聖接其騑驂汾水言遊四子寘其衡軛將謂布衣黃屋名器則殊卷領素王感召宜一顏子侍側似發農山之談季路承間如興浮海之說西華東帶尚以要賓言偃裼裘猶爲得禮避席延其不敏捨瑟睠其幽情共列外堂齊參覩奧歲時蘋藻復雜昌蒲平日絃歌還聞絲竹皇儲一德孝隆三善博望邀裾肅成講義發揮鎔造幽賛事業而以周穆之觴王母尚勒西弇漢帝之展稷丘因書東嶽遂迺思建隆碣上聞天扆言由國本理會冲情副震宮之德聲命芸閣以紬頌玄堂闡兮神靈僾揚教思兮兩儀配焆皇綱兮融帝載尭可

履兮舜為佩晝而明兮夜而晦于嗟業兮麗萬代
其詞曰赫赫上帝悠悠天造神集鴻名聖居大寶
循性稱教率性為道政若鎔金化侔偃草爻畫先
起律呂創陳禮節天地樂和人神成期用簡業尚
日新粹無聲臭騭有彝倫水火朝變憲章時華周
廟傷禾殷墟悲麦褒艷紕雅嬴荷侖贖散亂記言
支離方冊自天生德由縱成能實筵恪嗣銘鼎家
承蹲龍遲舛振鐸宜膺闕典攸緝斯文載興廣訓
三千徧干七十歷階東會藏書西入楚將分社齊
聞與邑接輿自狂長沮空執在智伊妙惟神洒幾
羊囚魯觸鳥向陳飛那傳頌管編照書韋卜兩承

絢顔子叅微尭則不追昌亦遂往名教潛發心靈
汎將德配乾坤業暉辰象麟悴遥泣山隤僾仰三
統昌日千齡聖期禋宗有昊展禮崇基覲宣時邁
神緘孝思絳螭承蚅翠鳳翿旟上浮龜蒙遥集鄒
魯翹勤眞跡惆悵今古舊壁迷字荒墳翳斧綸賁
宗師詔緝靈宇虹梁野構翬翼林舒雕櫳繡桷圓
井方疏沂童浴早泮鳥鳴初俎豆蠲潔丹青藹如
墨撿前蹤莊放遺轍於昭遐訓允歸聖烈肅穆仁
祠陰況像設隨四序以潛運懸三光而不跌
上碑陰大唐武德九年十二月二十九日下太宗文
武聖皇帝詔曰　宣尼以大聖之德天縱多能王

道藉以裁成人倫資其教義故孟軻稱生人以來
一人而已自漢氏馭歷魏室分區爰及晉朝暨于
隋代咸相崇尚用存享祀朕欽若前王憲章故實
親師宗聖是所庶幾存亡繼絶抑惟通典可立
孔子後爲褒聖侯以隋故紹聖侯孔嗣哲嫡子德
倫爲嗣主者施行　皇帝以乾封元年正月二十
四日下詔曰朕聞德契機神盛烈光于後代化成
天地玄功被於庶物魯大司寇　宣尼父孔丘資
大聖之材屬衰周之末思欲屈巳濟俗弘道佐時
應聘周流莫能見用想乘桴以永歎因獲麟而興
感於是埀素王之雅則正魯史之繁文播鴻業於

一時昭昱化於千祀朕嗣膺寳歷祗奉睿圖憲章
前王規矩先聖崇至公於海内行大道於天下遂
得八表乂安兩儀交泰功成化洽禮備樂和展采
東巡回輿西土塗經茲境撫事興懷駐蹕荒區願
爲師友瞻望幽墓思承格言雖宴寢荒蕪餘基尚
在靈廟虚寂徽烈猶存孟軻曰自生民以來未有
若　孔子者也微禹之嘆既深褒崇之道宜峻可
追贈太師庶年代雖遠式範令圖景業惟新儀刑
茂實其廟宇制度卑陋宜更加修造仍令三品一
人以少牢致祭褒聖侯德倫既承胤嗣有異常流
其子孫並宜免賦役主者施行　右皇太子弘表

稱臣聞周師東邁商閭廷降軾之榮漢蹕西旋夷門致抱關之想況泣麟曾躅歌鳳遥芬被縟禮於昌辰飾殊榮於窮壤者伏惟皇帝陛下資靈統極稟粹登樞乃聖乃神體陰陽而不宰無為無事均雨露之莫私六符薦而泰階平百寶臻而天祚永靈臺所以偃伯延閭由其增絢尚齒尊賢邁鴻名於萬古興亡繼絕騰峻軌於千齡大矣哉茂實英聲罔無得而稱矣日者封金岱畎會玉梁陰路指沂川塗經闕里迴鑾駐蹕式監唐禹之姿闢纊凝旒載想溫良之德於是特紆宸渙贈以太師爰命重臣申其奠醊廟堂卑陋重遣修營褒聖侯德倫

子孫咸蠲賦役臣恩均扈從迹濫撫軍舊烈遺塵
躬陪聹朏雩壇相圃欣覿前聞又昔歲承恩齒胄
膠塾歷覲軒屏具到門徒想仁孝於顏曾彌深景
慕採風猷於竹帛冀啓顓蒙所以輕敢陳聞庶加
褒贈天慈下濟無隅異時咸登師保式光泉夜敢
以前恩重茲干請竊謂　宣尼之廟重闈規摹桂
眞蘭着永傳終古崇班峻禮式眞幽埏而華琰莫
題言猷靡暢訪諸故實有所未周且將聖自天惟
幾應物拯人倫於已墜甄禮樂於既傾祖述勛華
三千勵其鑽仰憲章文武億兆遵其藏用豈可使
汾川遺碣獨擅於無慙峴岫餘文孤標於墮淚伏

見前件孔廟營構畢功峻業曾徽事資刊勒敢希
鴻澤令樹一碑徂遼海清夷○無致發山東豐稔
時踰恒歲況鄒魯舊邦儒教所起刊勒之費未足
爲多許其子來不日便就乞特矜照遂此愚誠臣
識昧恒規言慙通理塵黷聽覽追增悚戰勑旨依
請　維乾封元年歲次景寅二月戊戌朔二日己
亥皇帝遣司稼正卿扶餘隆以少牢之奠致祭
先聖孔宣父之靈惟神玉鉤陳貺靈開四肘之源
金鼎流禎慶傳三命之範神資越誕授山岳以騰
英天縱攸高蘊河海而標狀折衷六藝宣創九流
睿乃生知靈非外假於是考三古褒一言刊典謨

定風什莊敬之容畢備鍾鼓之音載和父子爰親
君臣以穆蕩乎渙乎樂正雅頌各得其所可不謂
至聖矣夫朕以寡德嗣膺神器式崇祇配展義云
亭感周禮之尚存悲素王之獨往杼軸洙泗如抱
清瀾留連舞雩似開金奏昌門曳練徒有生芻之
疑漠曲移舟非復祥萍之實慨然不已爰贈太師
堂宇卑陋仍令修造襃聖子孫合門勿事庶能不
遺百代助損益之可知永鑑千年同比肩而為友
聿陳菲奠用旌無朽梅曙霞粱柗春月牖德音暢
而無斁形神忽其將久儻弗昧於生前亦知榮於
身後尚饗

儀鳳二年七月訖功

孔氏祖庭廣記第十

孔氏祖庭廣記卷第十一

開元七年　孔子廟碑

嘗觀元化陰藏上帝玄造雖道遠不際而運行有符揚搉大柢宣考神用建人統之可復補天秩之將頹其揆一也昔者蚩尤怙賊厥弟驕兵巨力多徒合緒連禍則黃帝與聖首出群龍推下濟以君人儆勤略以戡亂逮至橫流方割包山其咨轉死爲魚鱻食不粒則堯禹並跡扶振隱憂道百川康四國粤若殷禮鈌周德微宋公用鄭楚子問鼎則夫子卓立燦然成章闢邦家之正門播今昔之彝憲此天所以不言而成化聖所以有開而必先其

若是也故　夫子之道消息乎兩儀　夫子之德經營乎三代豈徒小説蓋有異聞夫亭之者莫如天藉之者莫如地教之者莫如　夫子且沐其亭而不識其道則不如勿生荷其藉而不由其德則不如勿運固曰消息乎兩儀者也夫博之者莫如文約之者莫如禮行之者莫如　夫子且會其文而不揚其業則不如勿傳經其禮而不啓其致則不如勿學上代有以焯序中代有以宗師後代有以丕訓固曰經營乎三代者也意虞舜之美不必至是賛而六者進聖君也夏桀之惡不必至是擠而毁者激庸主也伊尹之忠不必至是演而數者

勉誠節也趙盾之逆不必至是揤而書者誅賊臣也至若論慈廣孝輔仁寵義職此之由於是君臣之位序父子之道明交朋之事興夫婦之倫得雖朗日開覺膏雨潤黷和風清扇安足喻哉借如九皇繼統而政醇七聖同年而道合雖事業廣運偕理濟一時未有薄遊大夫僻居下國德敷既往言滿方來廟食列邦不假手於後續君長萬葉畢歸心於　素王皆此之盛是以騰跨百辟孤絕一人因成名可稱取興爲大者巳　我國家儒教浹寓文思戾天伸吏曹以追尊逮禮官以祟祀侯褒聖於人爵尸冀享於國庠是用大起學流錫類孝行

敦悅施於方國光復彌於胤宗三十五代孫嗣褒
成侯璲之字藏暉洎族賢元亨等或專門碩儒閫
隆于緒或餘波明準克揚厥聲乃相與合而謀曰
夫墟墓之地禮曰自哀聽訟之樹詩云勿翦一則
遇事遺愛二則感物允懷矧乎大聖烈風吾祖鴻
美啟國封井舊居川嶽歟宜其悚神馳魄滕行膜
拜陳齋祭首嚴祠樹繚垣以設防刋豐石以為表
兗(州牧)京兆韋君元珪字王國周親以才懿德明啓
風績休有名教長史河南源晉賓字(光國)賢操孤興
清節相遠納人以禮成俗於師司馬天水狄光昭
字子亮相門克開雅道踵武聞義必立從事可行

錄事參軍東海徐仲連功曹咸陽盖㝢疑倉曹太
原王道淳弘農楊萬石戶曹博陵崔少連弘農楊
嚴玄兵曹太原王光超范陽張博望法曹安定皇
甫悛東海于光䒷主曹滎陽鄭瑋參軍事博陵崔
調扶風竇光訓河東裴璿隴西李紹烈鴈門田公
儀博士南陽樊利貞曲阜縣令鴈門田思昭丞河
間劉思廉主簿吳興施文尉清河晏弘楷等官序
通德儒林秀主昇堂覩奧遊聖欽風僉同演成乃
廓經始其詞曰元天陰隲大明虛鏡神不利滛物
將與正凡曰投艱在此逢聖森沙蓐虛軒黃底定
襄陵北 災夏禹文命周道失序 夫子應聘刪詩

述史盛禮張樂雅頌稽古訓典昭灼片言一字勸
美懲惡誘進後人啓明先覺六順敦興四維偕作
元功濟古至道納來首出列聖席卷群才大名震
曜廣學天開蒸嘗不寓誦習窮垓 帝念居室以
光壽宮建矦于嗣環封厥中孫謀不泯祖德斯崇
乃刋聖烈克廣休風
朝散大夫使持節渝州諸軍事守渝州刺史江
夏李邕文正議大夫使持節宋州諸軍事守宋
州刺史上柱國范陽張庭珪書
大唐開元七年歲在己未十月乙酉朔十五日
己亥建

開元二十八年　文宣王廟碑曲阜縣令張之宏撰

郝邕書

天寶元年兗公頌張之宏撰包文該書

貞元十四年任安謁　夫子詩

長慶元年任晥謁　先師題名

長慶三年崔濤謁　先師言

太和五年李虞題名

太和七年兗州刺史李悅謁　夫子文

會昌元年兗州刺史李玭題名

會昌六年兗州刺史高承恭題名

咸通十年兗海節度使曹翔題　先聖廟記

咸通十年魯國公修　廟記

右鄆曹濮等州觀察使孔温裕奏伏以禮樂儒学教化根本百王取則千古傳國朝弘闡文明遵尚祀典不違古制大振皇猷今曲阜縣乃魯國故都文宣廟即　素王舊宅興儒之地孕聖之邦所宜廟宇精嚴禮物具舉近者以兖州頻年灾歉都廢修營徒瞻數仞之墻繞識兩楹之位雖春秋無闕於釋奠而揖讓頗紊於彝章遂使金石之音靡聞於盻蠁俎豆之設嘗列於荒蕪聖域儒門豈宜堙墜臣忝為遠裔叨領重藩咫尺家鄉拘限戎鎮望闕里而無由展敬瞻　廟皃而有靦興功臣今差

人賫持料錢就兗州據　廟宇傾毀處悉令修葺
皆自支費不擾州縣所。獲遂幽懇克申私誠伏
緣兗州非臣本界須有申奏伏乞　天恩允臣所
請無任悃迫屏營之至謹具如前中書門下牒鄆
曹濮觀察使牒奉　勑鄒魯故鄉俎豆遺教文武
之道未墜於地温裕雖持戎律宛有家風屬兵車
之方殷飾聖門以弘敎墻新數仞廟設兩楹盡出
私財不煩公用綽有餘裕益見器能已賜詔嘉奬
餘宜依。仍付所司牒至准　勑故牒
咸通十年九月二十八日牒咸通十一年二月
十日建

新修曲阜縣　文宣王廟記

攝鄆曹濮等州舘驛巡官鄉貢進士賈防撰

皇帝御寓之十年歲在己丑　夫子三十九代孫襲國公節鎮汝陽之三載秋霜共凜冬日均和里閭無桴鼓之聲耆艾有袴襦之詠道已清矣政已成矣於是瞻故鄉以徘徊想廟皃而怊悵乃謂僚佐曰伊予聖祖寔号儒宗英靈始謝於衰周德教方隆於大漢爰因舊宅是搆靈祠粤自國朝屢加崇飾文榱繡桷雖留藻繪之功日往月來頗有傾摧之勢故老動凄涼之思諸生興嗟嘆之音今忝鎮東平幸邇鄉里雖無由展敬而敢忘修營既而

飛章上陳請以私俸葺飾由是命工庀事飾舊加新浹旬之間其功乃就門連歸德先分數仞之形殿接靈光重見獨存之狀睟容穆若史表溫恭列侍儼然如將請益丹楹對聳還疑夢奠之時素壁高標宛是藏書之後槐影踈而市晚杏枝暗而壇孤不假大夫幽蘭自滿無煩太守刻草全除稷門之舊葉俄興闕里之清風再起既可以傳芳萬古亦可以作範一時且開闢以來霸王之道言其德也莫踰於湯武語其功也無尚於桓文墳土未乾而丘壠已平子孫縱存而蒸甞悉絕 夫子無尺寸之地微一旅之衆修仁義者取爲規矩肆強梁

者莫不欽崇生有厄於棲遲殁居尊於南面而樵
蘇莫採廟皃長存道德相承簪裾不絕則　夫子
之道既可彰於積善魯公之德寔無愧於聿修防
目覩靈蹤躬尋盛績仰聖姿而如在歎休烈而難
名承命紀功讓不獲已刻諸貞石深愧菲才謹記

景福二年滅黃巢紀功碑

宋碑十一

太平興國八年重修兗州　文宣王廟碑銘并序

起復翰林學士朝散大夫尚書都官郎中知制
誥柱國賜紫金魚袋臣呂蒙正奉勑撰翰林待
詔朝散大夫少府監丞臣白崇矩奉勑書并篆

額

聖人之興也能成天下之務能通天下之志然亦不能免窮通否泰之數是故有其位則聖人之道泰無其位則聖人之道否大哉堯舜禹湯其有位之聖人乎我先師　夫子其無位之聖人歟昔者大道既隱真風漸漓有爲之跡雖彰禪代之風未替繇是堯舜禹湯苞至聖之德有其位故德澤及於兆民逮乎周室衰微諸侯強盛干戈靡戢黔首疇依繇是　仲尼有至聖之德無其位所以道屈於季孟嗚呼　夫子以天生之德智足以周乎萬物道足以濟於天下而棲遑列國卒不見用得非

其道至大而天下莫能容乎復乃當時之生民不幸乎向使有其位用其道又何止夾谷之會沮彼齊侏兩觀之下誅其正卯墳羊辯土木之祆楛矢驗蠻夷之貢必將恢聖人之道功濟乎宇宙澤及於黎庶矣奚一中都宰大司寇可伸其聖道哉嗟夫文王沒而斯文未喪時命屯而吾道不行可爲太息矣洎乎河圖不出鳳德云衰爰困蔡以厄陳遂自衛以返魯于是刪詩書讚易象因史記作春秋大旨尊王者而黜霸道感乱臣而懼賊子然後損益三代之禮樂褒貶百王之善惡蕪而穢者芟而夷之紊而乱者綱而紀之建末俗之郛郭垂萬祀

之指則遂使君臣父子咸知揖讓之儀貴賤親疎皆識等夷之數功均造物德被生人昭昭焉蕩蕩焉与日月高懸天壤不朽者 夫子之道乎故曰自生民以來未有如 夫子者也非夫道尊德貴惟幾不測孰能與於此乎故天下奉其教尊其像祠廟相望者豈徒然哉自唐季而下晉漢以還中原傲擾寓縣分裂四郊多壘鞠為戰鬬之場五岳飛塵竟以干戈為務周雖經營四方日不暇給故我 素王之道將墜於地光闡儒風屬在昌運我應運統天睿文英武大聖至明廣孝皇帝纘寶位也以徇齊之德兼睿括之明惣攬英雄之心苞括

夷夏之地皇明有赫聖政日新解網泣辜示至仁
於天下侮亡取亂清大憝於域中復淅右之土疆
眞王匍匐而聽命伐并汾之堅壘兇竪倒戈而係
頸戎車一駕掃千里之祲氛泰壇再陟展三代之
縟禮撥乱則弔伐非所以佳兵刑懲惡則止殺蓋
所以遵法也然後修禮以撿民跡播樂以和民心
禮俗樂舉刑清俗阜尚猶日慎一日躬决萬機近
甸絕禽荒之娛後庭無遊宴之溺遂得群生亹亹
但樂於天時萬彙熙熙不知乎帝力信可以高視
千古躪轢百王謂皇道既以平華夷又以寧爾乃
凝神太素端拱穆清闡希夷之風詮眞如之理閒

則披皇墳而稽帝典奮睿藻以杼宸章摛王之能
事備矣太平之鴻業成矣居一日乃御便殿謂侍
臣曰朕嗣位以來咸秩無文遍修群祀金田之列
刹崇矣神仙之靈宇修矣惟魯之　夫子廟堂未
加營葺闕孰甚焉況像設庳而不度堂廡隘而毀
頽觸目荒凉荊榛勿翦階序有妨於函丈屋壁不
可以藏書既非大壯之規但有巋然之勢傾圮寖
久民何所觀上乃鼎新規革舊制遣使星而蒇事
募梓匠以偫功經之營之厥功告就觀夫繚垣雲
矗飛簷翼張重門呀其洞開層闕鬱其特起綺疏
暾野朱檻凌虛耽耽之邃宇來風巘巘之雕甍據

漢迴廊複殿一變惟新外其堂則藻火黼黻昭其度也登其筵則豆籩簠簋潔其器也春秋二仲上丁佳辰牢醴在庭金石在列侁侁衆賢以配以侑凛然生氣瞻之如在時或龜山雨霽岱嶽雲斂則重櫨疊拱丹青晃日月之光龍桷雲楣金碧焜煙霞之色輪奐之制振古莫儔營繕之功于今爲盛繇是公御庶尹鴻儒碩生相與而言曰凡明君之作事也不爲無益害有益必乃除千古之患興萬世之利然後納華夷於軌物致黔首於仁壽　夫子無位立教化人以文行忠信敦俗以冠婚喪祭爲民立防與世垂範是以上達君下至民用之則昌

不用則士我后膺千年而出震奄六合以爲家一
之曰二之曰訪黎蒸之疾苦三之曰四之曰辨官
材之淑慝爾乃修武偹崇文教輕徭薄賦興廢繼
絕于是睠我先師嚴其廟像棟宇宏壯僅罕倫比
遂使塊市杏壇之子覽鼓篋以知歸褒衣博帶之
儒識横經之有所矧乃不蠹民財不耗民力時以
農隙人以悅使向謂興萬世之利者斯之謂歟夫
秦修阿房惟矜土木之麗楚築章華但營耳目之
玩何同年而語耶將勒貞珉合資鴻筆亟詞慙體
要學謝大成彤庭猥厠於英翹内署繆司於綸誥
頌聖君之德業雖効揚揚仰　夫子之文章誠慙

狂簡蔡承睿旨謹杼銘曰周室衰微兮諸侯擅權魯道有蕩兮禮樂缺然神降尼丘兮德鍾于天誕生　夫子兮丧亂之年秀帝堯之姿兮類子產之肩苞聖人之德兮稟生知之賢刪詩定禮兮糺謬繩愆總智冥造化兮功被陶甄下學上達兮仁命罕言將聖多能兮名事正焉道比四瀆兮日月高懸仰之彌高兮鑽之彌堅歷聘諸國兮陳蔡之閒時不見用兮吾道迍邅麟身非應兮反袂漣漣梁木其壞兮歎彼逝川王爵跡封兮裦冕聯翩百世嗣襲兮慶及賞延明明我后兮化浹無邊崇彼廟皃兮其功曲全高門有閈兮廬堂八楹吉日釋菜兮

陳彼豆籩雕甍畫栱兮旦暮含煙海日一照兮金
翠相鮮帝將東封兮求福上玄千乘萬騎兮轟轟
闐闐謁我新廟兮周覽蹁躚肆覲群后兮岱宗之
前

景德三年勑修　文宣王廟

中書門下牒京東轉運司資政殿大學士尚書兵
部侍郎知通進銀臺司兼門下封駁事王欽若奏
諸道州府軍監　文宣王廟多是摧塌及其中修
蓋完葺者被句當事官員使臣指射作磨勘司推
勘院伏以化俗之方儒術爲本訓民之道庠序居
先況傑出生人垂範經籍百王取法歷代攸宗苟

廟貌之不嚴即典章而何貴恭以睿明繼統禮樂
方興咸秩無文徧走群望豈可泮宮遺烈教父靈
祠頗闕修崇久成廢業仍令講誦之地或為置對
之司混揰撻於弦歌亂桎梏於籩豆殊非尚德有
類戲儒方大振於素風望俯頒於明制欲乞特降
勑命指揮令諸道州府軍監　文宣王廟摧毀處
量破倉庫頭子錢修葺仍令曉示今後不得占射
充磨勘司推勘院及不得令使臣官員等在廟内
居止所貴時文載燿學校彌光克覃鼓篋之聲用
洽舞雩之理候勑旨牒奉勑宜令逐路轉運司遍指
揮轄下州府軍監依王欽若所奏施行牒至准勑

故牒

景德三年二月十六日牒刑部侍郎參知政事

馮拯尚書左丞參知政事王旦

玄聖文宣王賛并引奉勑改謚曰　至聖文宣王御

製御書并篆額

若夫撿玉介丘迴輿闕里緬懐於先聖躬謁於嚴祠以為易俗化民既仰師於彝訓宗儒尊道宜益峻於徽章增薦崇名聿陳明祀思形容於盛德爰刻鏤於斯文賛曰立言不朽垂教無疆昭然令德偉哉素王人倫之表帝道之綱厥功實茂其用允臧外中既畢盛典載揚洪名有赫懿範彌彰東封

幸林廟等勑扈從臣寮名姓並列于碑陰
大中祥符元年十一月一日御書院奉勑模勒
刻石
大中祥符二年賜太宗御書監書器物詔碑
兗州仙源縣至聖　文宣王廟新建講學堂記
泰寧軍節度行軍司馬朝散大夫撿校左散騎
常侍騎都尉賜紫金魚袋成昂撰
昂志從師學觀　夫子道庶幾識其門因事賛言當
會歸髣髴是生足矣假天與幸於百歲固心無吝
於一日也戊戌秋适帝恩允臺中郎就我典午卜
老東蒙庚子春預從御禮備負亞獻陪祭于　廟

屬中有工度堂搆始思費新成侯酬宿願初匠事云畢幾造至極比求乎一意何擁畜聞年而趨無所得豈　聖道藏密不可見乎將大權反合難為狀也幸覽韓公愈處州碑曰天下通祀惟社稷與孔子焉然以社稷壇而不屋取異代佐享豈如孔子巍然當坐用王者禮以門人為配自天子已下北面拜跪薦祭誠敬禮如親弟子者又以自古多有以功德得位而不得常祀不得位而得常祀者其祀事皆不如孔子之盛所為有生人以來未有如　夫子者其賢過於堯舜遠者韓以孟子言其効歟昂適不得已但廣明孟意覬實賢過之言耳夫道以無用妙以

神名德涉有動率以形累　聖人有以見其本知其末以無不可以無顯必因有明以有不自於有生必待無造然有以形為局有極無以神用運無窮蓋神者無不應者也應設至微不可以有極測有者有所係者也係設至大不得與無窮稱若乃無有混融短長之相取處無窮以觀有極者窮窮則理應生變變則易故為新神行而理通雖復堯舜之應曆有期文武之卜世有數將無窮也居有極以計無窮無窮者通通則物或有矜矜則轉得為笑形滯而物窮雖復天地以覆載能常日月以運行能久恐有極也大哉我　夫子貫本末以研

幾持中正而應動恍惚萬變優游一致物當崩壞
我得經緯於後先理在會通我得彌綸於終始斷
御群有用出至無豈固時來以必位敘而後伸其
道也夫故以言乎見者莫窺以言乎作者莫覩爭
者見之不得奪讓者見之不得與高之者不知其
然抑之者不知其以舉過不及者進退賢不肖者
跂俯猗歟知後之世侯一方子百里者可祭而不
可瀆刑四海化兆民者可則而不可侮爲師之善
盡垂百王主善之屢永貽萬古老氏所云善建者
不拔善抱者不脫子孫祭祀不輟斯言至矣　杜牧
亦嘗有言自古稱　夫子之德莫如孟子稱　夫

子之尊莫如韓吏部昂也愚敢體神而明之稱夫子道乘彝而文之爲講學堂記當耶當耶壯哉斯堂也棟宇崇崇戶牖空空師席斯正學人斯同淵乎玄兮淡乎素風云誰有極極我無窮

宋景祐四年七月八日重立承奉郎守將作監主簿孔彥輔篆額

朝賢送行詩碑

五賢堂記

龍圖閣直學士給事中知兖州兼勸農使管句景靈宮太極觀提舉鄆濮等五州兵馬魯郡開國

賜紫金魚袋道輔撰并書姓孔

五星所以緯天五嶽所以鎮地五賢所以輔聖萬象雖列非五星之運不能成歲功衆山雖廣非五嶽之大不能成厚德諸子雖博非五賢之文不能正道繇是三才之理具萬物之情得故　聖人與天地並高卑設位道在其中矣所以尊君德安國紀治天物立人極皆斯道也然天地有否閉日月有薄食　聖人之道有屯蹇若天地否則　聖人建大中之道開泰之茍　聖人之道壅則五賢迭起而輔導之　先聖没當戰伐世法令機祥巫祝之弊亨楊墨之迂誕莊列之恢詭窮聖汨常三騶孫田術勝於時則　我聖人大道爲異端破之不

容於世也而孟荀繼作乃述唐虞之業序仁義道德之原俾諸子變怪不軌之勢息聖人之教復振顧其功甚大矣後至漢室圯缺楊子惡諸子以知舛詆訾聖人獨能懷二帝三王之迹以譏時著書以尊大聖使古道昭昭不泯若揚之力也兩漢之後皇綱弛紊六代喪乱文章散靡妖狂之風蕩然無華文中子澄其源兆興王之運韓文公制其末靡遵道之旨致聖教益光顯夷夏歸正道雖諸子詭譎情惑欲攘其法戕其敎榛其塗蕪其說弗可得已然賢者違世矯俗能去難者蓋寡矣孟不免齊梁之困臧倉之毀荀不免齊人之讒楚國之廢

楊不免劉歆之悔投閣之患王不免隋氏之抑羣公之沮韓不免潮陽之竄皇甫之譖其間或譏其作經或短其脩史彼徒能毀之弗顧巳之弗逮也達者以爵位為虛器太過者人猶嫉之況抱道德富仁義立終古之名寧無惡乎天地雖否無傷於體日月雖食無傷於明聖賢雖困無損於道得其時則唐舜禹湯之為君皐夔伊呂之為臣功濟當世也非其時則　孔聖之無位五賢之不遇道行於後世矣亦猶歲旱則澤之益甘夕暗則燭之益明亂則賢者益固歷代以斯為難也　孔聖之道否而五賢振起之今五賢堙蔽振之者無聞焉道

輔道不及前括而以中正干帝皇幸不見黜而與
進與以賢者心輔於時躋於古以兹爲勝矣方事
親守故國爲儒者榮嘗謂伏生之徒以徙傳訓功像
設於祖堂東西序而五賢立言排邪說胡大道非諸
子能攺及反不及配闕孰甚焉因建堂事收五賢
所著書圖其儀叙先儒之時薦庶幾識者登是堂
覲是像覽是書肅然革容知聖賢之道盡在此矣
時景祐五年七月十五日重立景祐元禩道輔
自海陵遷守彭城明年更此郡爲五賢建堂立
石今報政之餘侍膳之暇復得自書之爾弟將
仕郎將作監主簿彥輔篆額

致政尚書公祭　先聖文

恩慶堂記

創塑二代祖祭文

創塑三代祖祭文

手植檜贊 文載廟中古跡

金碑四

重建鄆國夫人殿記

先聖之夫人曰并官氏子孫祀於寢宮舊矣宋祥符初既封鄆國始增大其殿像季末殿焉

國家皇統九年始以公錢修復正殿後八年又營兩廊而積羨錢二百萬將以爲鄆國殿之用而未給

也大定間

天子留意儒術建學養士以風四方舉遺禮興廢墜曠然欲以文致太平襲封公捴躍然喜曰祖庭之後此其時乎乃以殿之規撫白有司而有司吝於出納乃更破廣爲狹刻桀爲庳繇是才得故時羨錢爲殿費襲封公蹴然曰是規撫者豈能稱前殿爲王寢乎吾獨以奉祀事守林廟爲職顧不得以尊達雖然我其可不力乃與族祖端脩親率廟丁載斤斧走東蒙深入數百里歷戲險冒風雨與役者同其勞得貞松中椽橑若以千數又與族兄播市材于費于丞凡樊櫨棋桷之屬皆取足焉會祖林大槐數十一日旦皆搯死適可

爲楹棟之材而二百萬若止足以克瓦甓堊務與夫梓匠傭直而已時劉公瑋爲節度副使實董其役趙公天倪爲判官二公廉直而幹吏不敢擾以私而龔封公得以盡其力凡十九年冬殿成奉安之日士庶咸會顒首聚觀邦人族戚更賛迭助父老嗟歎至或感泣以爲復見太平之舉也於是龔封公以書走京師屬懷英爲之記懷英嬾惰多故未暇作也居逾年龔封公被

召至　闕下未幾得以舊爵宰鄉邑將歸固索鄙文則叙其修殿本末而爲之說曰嗚呼聖人道極中和而與天地並有天地而夫婦之道立道立而

父子君臣之教達於天下古先哲王所以御家邦風動教化皆由此始　吾夫子出著之六經實綱而紀之以垂憲百代故後世　推尊以爲人倫之首而闕里舊宅四方於是觀禮然則所謂作合聖靈者其奉事之禮安可以不稱今夫浮屠無夫婦絕父子廢人倫其空言幻惑且不足以爲教然貪得而畏死者奔走敬事至傾其家貲非有命令驅之也而其雄樓傑閣窮極侈靡僭越制度耗蠹齊民有司者不以禁而　吾夫子之宮教化所從出而有司乃以爲不急一毀之建至於身履勤苦然猶積年而僅成何其難也嗟乎　夫子萬世之師也

今 休明之代不患其不崇吾獨惡夫悖人倫者
方起而害名教故因是緞之役有以發是言君歸
其并刻之庶幾貪畏而惑於異端者知所復焉
二十一年春正月十有二日承務郎應奉翰林
文字同知 制誥兼充國史院編脩官武騎尉
賜緋魚袋党懷英記并書奉政大夫中都路都
轉運支度判官驍騎尉賜緋魚袋趙天倪篆額
五十代孫承務郎兗州曲阜縣令襲封衍 聖
公管句 先聖祀事武騎尉賜緋魚袋揔立石

金重修 至聖文宣王廟碑

翰林學士朝散大夫知制誥兼同修 國史上

護軍馮翊郡開國侯食邑一千户食實封一百
户賜紫金魚袋臣党懷英奉
勑撰并書丹篆額
皇朝誕受　天命　累聖相繼平遼舉宋合天下
爲一家　深仁厚澤以福斯民粤自
太祖暨于
世宗撫養生息八十有餘年庶且富矣又將敎化
粹美之
主上紹休
祖宗以潤色洪業爲務即位以來　留神政機革
其所當革興其所當興飭官厲俗建學養士詳刑

法議禮樂舉遺修舊新美百爲期與萬方同歸
文明之治以爲興化致理必本於尊師重道於是
質謂 先聖以身先之嘗謂侍臣曰昔者 夫子
立教於洙泗之上有天下者所當取法迨今遺祠
久不加葺且其隘陋不足以稱 聖師之居其有
以大作新之有司承 詔度材庀工計所當費爲
錢七萬六千四百餘千 詔並賜之仍 命選擇
幹臣典領其役役取於軍匠傭於民不責亟成而
責以可久不期于倏而期於有制凡爲殿堂廊廡
門亭齋廚釁舍合三百六十餘楹位叙有次像設
有儀表以傑閣周以崇垣至于楃座欄楯簾櫳罘

恩之屬隨所宜設莫不嚴具三分其役因舊以完
葺者才居其一而增剏者倍之蓋經始於明昌二
年春踰年而上木暮構成越明年而髹漆彩繪成
先是羣弟子及先儒像盡於兩廡既又以提舉勾
之又明年而衆功皆畢罔有遺制焉
上既加恩闕里則又澤及嗣人以其雖襲公爵而
官職未稱與夫祭祀之儀不備特 命自五十一
代孫元措首階中議大夫職視四品兼世宰曲阜
六年又以祭服祭樂爲 賜遣使策祝以崇成之
意告之方役之興也有芝生於林域及尼山廟與
孔氏家園凡九本典役者采圖以 聞且言瑞芝之

之生所以表
聖德之致廟成之日宜有刋紀敢請并書于右又
廟有層閣以備庋書願得　賜名揭諸其上以嚮
示四方　詔以奎文名之而命臣懷英記其事臣
魯人也杏壇舊宅猶能想見其處　今幸以諸生
備職藝苑其可飾固陋之辭絜楹計工謹諸歲月
而已乎敢竊叙　上之所以褒崇之實備論而書
之而後系之以銘臣甞謂唐虞三代致治之君皆
相授以道至周末世不得其傳而　夫子載六經
以俟後聖降周訖漢異端並起儒墨道德名法陰
陽分而名家而以六藝爲經傳章句之學歸之儒

流不知六藝者　夫子所以傳唐虞三代之道衆流之所從出而儒爲之源也後世偏尚曲聽沿其流而莫達其本用其偏而不得其醇自是歷代治績常與時政高下洪惟

聖上以天縱之能典學稽古游心於唐虞三代之隆故凡立功建事必本六經爲正而取信於　大子之言夫惟信之者篤則其尊奉之禮宜其厚歟

臣觀漢魏以來雖奉祠有封洒掃有户給賜有田禮則修矣未有如　今日之備也初廟傍得魯廢池般取石甃以爲柱礎釦砌之用浚井得銅以爲鋪首浮漚諸飾緣是省所費錢以千　計者萬四

千有奇方復規畫爲他日繕治無窮之利然則非獨今日之新蓋將愈久而無弊也銘曰維古治時以道相繼不得其傳粤自周季天生 將聖遭世不綱垂統六經以俟後王六經維何爲世立道有王者興是惟治要於鑠

我皇聖性自天玩意稽古傳所不傳建學弘文崇明儒雅躬禮 聖師率先天下乃睠闕里祠宇弗治殆其舊制既隘且庳乃 詔有司乃疏泉府撥材庀工衆役具舉梓人獻技役夫効功隘者以閎庳者以崇崇焉有制閎焉惟法即舊以新增其十八楹楹其正翼翼其嚴魯人來思歎息仰瞻魯人

有言惟今非昔豈伊魯人四方是式瞻彼尼山及
其林園有芝煌煌表我 聖恩聖恩之隆施于世
嗣顯秩峻階視舊加異廟樂以雅祭服有章錫爾
奉祠名欽是光有貞斯石有銘斯勒揚厲鴻休以
詔無極

祝文維明昌六年歲次乙卯八月癸丑朔二十七日
巳卯
上以謹遣朝列大夫知泰定軍節度使兼兗州管
内觀察使提舉學校常平倉事護軍富春 郡開
國侯食邑一千戶食實封一百戶賜紫金魚袋孫
即康敢昭告于 至聖文宣王 今重儒術益尊

聖師闕里廟皃于以新之雅樂具舉灋服章施庶
幾鑒格永集繁禧
尚饗
前同云云敢昭告于　兗國公宅廟告成　神之式
燕肆頒樂服以煥聲明殊別上儀表章崇教儼惟
亞　聖作配　先師春秋二旹祀祭百世
鄒國公祭文（國家思弘文治崇禮　聖師廼詔有司一新祠廟祀以法服　奏以雅音惟　公侑食是用昭告）
孔聖杏壇二字碑承　旨學士党懷英篆
銘開州刺史高德裔撰
周室下衰王綱解紐非大聖人徃瀾莫救天挺
夫子生民未有立言範世木舌金口三千之徒義

由此受我瞻遺壇實為教首萬代護持天長地久

林中碑

斷碑一磨滅不可讀二代墓前

前漢碑二

居攝二年墳壇記二各為龕徑直三寸深半寸

曰上谷府卿一曰祝其卿各十餘字在龕内

後漢碑十一

延平元年孔翊碑

永興二年婺州從事孔君德碑在　先聖祠壇前

永興二年鄒尉君元子孔謙碑

皇漢帀元永壽三年青龍建酉孟秋之旬□帝○德

帝拜○臣曾曾玄玄魯相河南京韓君追惟磨滅六字聖
素王受象乾坤至于周衡吳○○文德糸耀○○
應皇神○勿救孝外出天○徵符洞虎論○道磨滅五字
落復○天若闔門○○○豈精歷星宮雷動文○
聲○○震春秋既成效以獲麟功定道著磨滅四字宣精
皇○○河雒循慮教○○二百○○經元德浸潭
孝○滋○秦漢制作萬世○力赤誦受命以天意
流磨滅五字徒三千素王以下至于○○闡名○耳○若
見非天挺三五○九○○德磨滅四字脩磨滅不知幾字賢磨滅四字以○
顯○以無○韓君○氏僙○○思惟○之嘆念○
畐○為世敦磨滅不知幾字廟并墓○○曾玄○○魯宅○

神廟堂○○舊域庫室磨滅不知幾字二輿朝○○○歷○
父長承法而制以遵古常巢聖磨滅不知幾字唯深且○宅
廟悉備敬○蕠磨滅不知幾字之情和其以○○墓以磨滅不知幾字
君於磨滅不知幾字有制度國○以○壇法不磨滅不知幾字作大井
○○○方磨滅不知幾字以和磨滅不知幾字韓君德政磨滅不知幾字蘭芳青
雲磨滅不知幾字及孔弱惠閔○窮磨滅四字飢寒磨滅不知幾字望著茂行
顯○豫○獨○景○○○表石勒銘磨滅四字漢磨滅四字子子
孫孫磨滅四字石府君諱勑字叔節○○○字仲則弟○
字子十室長史李亮字○○河南磨滅不知幾字長磨滅不知幾字東海
○○譙字季柗河東臨汾人○○府卿任城磨滅四字字
○○左尉趙福字○○北海尉磨滅四字子雅漢中鄭

人丞駱景字子原缺四字右尉○○○子輿九江人

水壽三年韓勑修　孔子墓碑

延熹七年太山都尉孔宙碑

建寧二年博陵太守孔震碑

建寧四年河東太守孔宏碑

建寧四年博陵孔彪碑

孔子十九世孫孔扶仲淵碑

博士孔君諱志碑

孔秉字敬山碑

孔氏祖庭廣記卷第十一

孔氏祖庭廣記卷第二

族孫碑銘

有漢泰山都尉孔君之碑

君諱宙字季將孔子十九世之孫也天姿醇嘏齊聖達道少習庭訓治嚴氏春秋緝熙之業既就而閨閾之行允恭德音孔昭遂舉孝廉除郎中○昌長祇傅五教尊賢養老躬忠恕以及人兼禹湯之罪已故能興○○○彫弊濟弘功於易簡三載考績遷元城令是時東嶽縣首猾夏不○○○祠[illegible]遺○未寧乃擢君典戎以文脩之旬月之閒莫不解甲服○○○○耨田畯喜于荒圃商旅交乎險

三百九十張

廿六 二

路會鹿鳴於樂崩復長幼於酬酢○○○稔會遭
篤病告困○○得從所好年六十一延熹六年正
月乙未○○○疾貴速朽之反真慕寧儉之遺制
窀夕不華明器不設凡百○○○述於是故
吏門人乃共陟名山采要石勒銘示後但有彝式
其辭曰於顯我君懿德惟光紹聖作儒身立名彰
百登王室閣閤是更夙夜在公在公明明及綏
縣○儀以康於○時雍○茲○方伯彼凶人○○
○○南敉孔鹽山有夷行豐年多稌稱彼兕觥帝
賴其勳民斯是皇○○○○乃委其榮忠告慇懃
屢省乃德恭儉○終簞篹不歇生播高譽殁○○

○永○不刊億載揚聲碑陰有門生故吏名

延熹七年正月庚○○

漢故博陵太守孔府君碑

君諱震字元上孔子十九世之孫潁川君之元子也君少履天姿○然以正帥禮不爽好惡不愆○衷○○脩身踐○龍德而學不至於穀浮游塵埃之外○○○而不俗郡將○其所履前後○召蓋不得○乃翻爾束帶弘論窮理直道事人仁必有勇可以託六授命如毛諾則不宿○之至也莫不歸服舉孝廉除郎中○昌長疾病留宿○還○○府丞未出京師遭大君○○踰皋○喪致乎哀謹

畏。。服竟還署。拜尚書侍郎無偏無黨遵王之素濾可黜。。。。度日恪位代所在祗肅拜治書御史膺阜陶之。恕（磨滅九字）逮。用飭平。博陵太守郡阻。。。。以饑饉斯多草竊匡不以敗劉寧張丙等白日攻剽。家不命毋下卓之初（磨滅六字）削四凶以勝殘乃。。。爰。桓桓折馬鐲害醜類已彈路不拾遺。民以。發號施憲每合天心。之所惡不以強人義之所欲不以禁人百姓樂政而歸于德望如父母順如流水還下邳相河東大。舉此。孔君子風也末。而懼不令而從雲行雨施。。大和。。歸公卿之任矣勞而不代

有實君虛固執謙儒以病辭官去位閑○以孝昌
○餘暇○○彈琴擊磬○○○之味而不改其淵
上帝棐諶天秩未究將據師輔之紀○○○疾彌
流乃殯乃○○凷○建寧四年○月辛未○○○
哀哉魂神超邁窈兮冥冥遺孤切絕于嗟想形○
○哀○念不欲○君羣臣唬咣靡○復○夫逝往不
可○兮○○○○識○君之軌迹兮如列宿之錯
羲易建八卦○肴繫辭述而不作彭祖賦詩○讚
所見于時頌（磨滅九字）王邴等○信好古敢詠顯○乃刊
斯石銘銘洪基貽示後昆申錫鑒思其辭曰穆穆
孔君大聖之冑惇懿允元叡其玄秀維嶽降精誕

生忠良奉應郡○亮彼(磨滅六字)辯○居(磨滅六字)也○名朝○

○政直哉惟清出綂○○化以○成○○殄迸賢

倚(磨滅十字)之朝先○是程宜乎三事金鉉利貞而絜白

駒○世○惻當○眉耇莫匪爾極○○○○邈矣

不意○嗟悲(磨滅五字)○淂○○○幾復○○功名于不朽

没而德存伊尹○○之休格于皇天惟我君積表

于丹書○永無沂與日(磨滅六字)于以慰靈以下不復能辨

擊蚍蜉銘

天地至大有邪氣干於其閒爲凶暴爲殘賊聽其肆行如天地夘育之而莫禦也人生最靈或類蚩於其表爲妖怪信其異端如人蔽覆之而莫露也

祥符年寧州天慶觀有蛇妖極怪異郡刺史日两至於其庭朝焉人以爲龍舉州人内外遠近罔不駿奔於門以觀恭莊肅祗無敢怠者今龍圖待制孔公時佐幕在是邦亦隨郡刺史於其庭公曰明則有禮樂幽則有鬼神是蛇不以誣乎惑吾民乱吾俗殺無赦以手板擊其首遂斃於前則蛇無異焉郡刺史暨州内外遠近庶民昭然若發蒙見青天覩白日故不能肆其凶殘而成其妖惑易曰是故知鬼神之情狀公之謂乎夫天地間有純剛至正之氣或鍾於物或鍾於人人有死物有盡此氣不滅烈烈然弥亘億万世而長在在堯時爲指佞

草在魯則爲孔子誅少正卯刑在齊在晉爲董史筆在漢武帝朝爲東方朔戟在成帝朝爲朱雲劍在東漢爲張綱輪在唐爲韓愈論佛骨表逐鱷魚文爲段太尉擊朱泚笏今爲公擊蛇笏故佞人去堯德聰少正卯戮孔法舉罪趙盾晉人懼辟崔子齊刑明距董偃折張禹劾梁冀漢室又佛老微聖德行鱷魚徙潮患息朱泚傷唐朝振惟蛇死妖氣散噫天地鐘純剛至正之氣在公之笏豈徒斃一蛇而已軒陛之下有罔上欺民先意順旨者公以此笏指之廟堂之上有蔽賢蒙惡違法乱紀者公以此笏麾之朝廷之内有諛容佞色附邪背正者

公以此笏擊之夫如是則軒陛之下不仁者去廟堂之上無姦臣朝廷之内無佞人則笏之功也豈止在一蛇公以笏爲任笏得公而用公方爲朝廷正人笏方爲公之良器敢稱德於公作笏銘曰至正之氣天地則有笏惟靈物笏乃能受笏之爲物純剛正直公惟正人公乃能得笏之在公能破滛妖公之在朝讒人乃消靈氣未竭斯笏不折正道未亡斯笏不藏惟公寳之烈烈其光

金 故贈正奉大夫襲封衍 聖公孔公墓表

至聖文宣王五十代孫諱揔字元會曾祖諱若蒙襲封奉 聖公贈朝奉郎伯祖諱端友朝奉郎直秘

闕襲封衍 聖公宋建炎二年冬祀大禮赴楊州陪位值兵火隔絕其弟端操之子璠已襲封訖長子拯皇統二年三月補文林郎襲封衍 聖公無嗣其弟揔大定三年七月補文林郎襲封衍 聖公管句 先聖祀事公三歲而孤幼穎悟及長力學自強通春秋左氏尤喜韓愈詩文談論簡尺多引二書先輩多稱譽之公職在嚴奉林廟草木居人無敢輒犯宗族之閒少長有禮人敬其勤復畏且愛一日顧瞻 鄆國夫人殿私自言曰生爲子孫而謂當其職使之隘陋如此寧不媿於心乎乃親率佃戶携斤斧之具東之蒙山躬親指畫採伐中椽

捔者旬有餘日連車接軫以歸起西廟尼山兩處
鄆國夫人殿及大中門家廟齋廳祭祀庫計五十
餘楹彩飾圖繪畢備
朝廷聞公名召赴闕欲留隨朝任用公力辭職專
祠事不宜妨職任之不專則特授曲阜縣令未到
任歲大旱既到任甘雨三日而止稼穡益茂歲仍
大熟公精勤吏事縣署至所居往返十五餘里及
曉治縣無一日稍闕差科甚匀訴訟無滯親族有
訟即移佐官無少看向意諸村當首人舊驗物力
差當公預令定奪相次明以公文告示比至其人
已自承認交替不復更至庭下每歲夏絹凡丈尺

小戶舊例合併全疋輸納隨村首目皆自斂掠公止令依市價積筭和買使併起納盡革舊弊縣城摧壞官計工修築公戒董役者曰慎毋圻廬舍壞冢墓若廬舍有礙當隨地築之冢墓頹壞當以已俾完之二者既安吾心亦安矣其有不成葬穴無主暴露枯骨當遣使厚葬之有碑曰叢冢邑人春冬祀之葬畢是夜夢衆人來謝內一人稍前云嗟哉莫雲之弗及既寤遣人搜求又得千餘副復夢來謝公年歷四十得數子不育一日夜夢異人衣冠偉然告曰今此非爾子後丑年庚月丁日所生則眞爾子矣當留名元措公儉於奉已厚於賓客周惠

困窮不問家之有無娶泗水孫氏[illegible]宋副樞孫
之孫後贈魯郡太夫人又娶泗水侯氏二子長郎
元措今襲封衍聖公次元紘業進士後封魯郡太
夫人女一人適兗州宣武韓昺公享年五十三終
奉直大夫以子貴贈正奉大夫嗚呼 孔子之澤
及於無窮
國家褒崇之恩方自此始又豈止五十傳哉
翰林學士承旨嘉議大夫知制誥兼同修國史
上護軍馮翊郡開國侯食邑一千户食實封一
伯户致仕党懷英撰書丹并篆額
中奉大夫同知集賢院事兼翰林修撰同知制

詰史公奕補亡

大蒙古國領中書省耶律楚材奏准

皇帝聖旨於南京特取襲封孔元措令赴闕里奉

祀來時不能挈負 祖庭廣記印板今

謹增補校正重開以廣其傳

壬寅年五月 望日

門生 曹國 王恕 重校

門生 巽州 伊莘 重校

此先聖五十一代孫襲封衍聖公元措夢得所編前載元豐八年四十六代孫宗翰家譜舊引宣和六年四十七代孫傳祖庭雜記舊序家譜與雜記本各自爲書夢得始合爲一復增益門類冠以圖象并載舊碑全文因祖庭之名而改稱廣記盡仙源之文獻至是始備書成於金正大四年丁亥張左丞行信爲之序鋟版南京此則蒙古壬寅年元措歸闕里後重雕之本也壬寅爲元太宗六皇后稱制之年金之亡已十載矣蒙古未有年號但以干支紀歲在宗

則爲淳祐二年也此書世無傳本藏於何夢
華齋見之紙墨古雅字畫精審予所見金元
槧本未有若是之完美者向嘗據漢宋元石刻證
聖妃當爲幵官氏今證此書幵官氏屢見無有作亓
字者自明人刻家語妄改爲亓沿譌到今莫能更
正讀此益信元和舊刻之可寶嘉慶六年歲
在辛酉五月五日庚辰嘉定錢大昕謹題

嘉慶六年四月十日孫星衍觀

此記正大四年記功一行當接卷首資政續編

銜名金元列銜多左行也重裝時宜移此半頁

於前合之辛酉四月廿又三日觀於 何夢華三

吾鴻景齋中因題記 袁生瞿中溶

嘉慶甲戌五月廿日 七十三老人吳翌鳳敬觀

余往閱讀書敏求記始知牧翁所亟
稱者有東家雜記祖庭廣記諸書然
遵王皆以為未見既從葉九來假得宋槧
本東家雜記繕寫遂著于錄若祖庭廣
記仍無有也余收書郡故家得宋槧本東
家雜記自謂所收較遵王為勝惟祖庭
廣記僅從素王事記見其摘錄數條仍
以未見全書為憾今夏五月余自都門歸
錢唐何夢華亦新自山東曲阜攜眷屬

僑寓于吳中何園孔氏壻也其奩贈中有元板孔氏祖庭廣記五冊裝潢古雅籤題似元人書因出以相示余詫為驚人祕笈蓋數年來所願見而不得者一旦見之已屬幸事乃夢華稔知宋槧本東家雜記已在余處謂此書是兩美之合爰割愛投贈贈書之日適夢華將返杭余贈以行資卌金今而後士礼居中如獲雙璧矣余檢菉竹堂書目有孔子實錄五冊文

淵閣書目有孔子實錄一冊伏讀
四庫全書提要傳記類存目有云孔氏實錄
一卷永樂大典本不著撰人名氏末一條云
大蒙古國領中書省耶律楚材奏准
皇帝聖旨于南京特取襲封孔元措
令赴闕里奉祀案元措以金承安二年襲封衍聖公此書或即
元措所撰頃今取証是書与之悉合方
悟向來藏書目所云孔子實錄孔氏實
錄即此孔氏祖庭廣記也特所記冊

數卷卷數多寡不同或有完缺之異余於古書因緣巧合往往類是而此書之得雖遵王不且遜余之創獲耶敢不詳述原委以告余幸此書裱托過厚圖畫皆遺佚手補壞因損裝重修纖悉皆還舊時面目首冊次序紊亂各以原注小號順之結銜一葉舊分兩半葉離開佳本夫已正其誤今亦合之錢少詹之題跋孫觀察之看款皆於夢華時乞題今悉存其舊他日當并東家禮記求

芊楣先生作總跋俾兩書並藏文宣事迹粲然大備于今日儒者可以資考覽後人可以舉名籍紀載缺如之憾東澗老人不得而訾議已

嘉慶歲在辛酉季秋月乙未日黃丕烈識

書中顏子隨行小影謂聖德最真昨閱年友張子和從藏山書院東莽得宣和聖像贈余石刻之與板本纖悉無二益信祖庭廣記為得其真也東家雜記首列杏壇圖說下附琴歌一首或疑後人偽託遵王亦作疑信參

半塢有以夫

蕘圃又識

咸豐七秊四月辛巳昭文邵淵耀敬觀近得蕪園鈔本據以校勘正訛甚多知元槧之致足珍也